OHSAMA
BUNKO

たった5分で女心をつかむ!
会話術

櫻井秀勲

三笠書房

はじめに――「その言葉」を、彼女は待っている！

広い世間には、それぞれの分野での達人、名人が大勢います。しかし、料理の達人であれ、語学の名人であれ、手に入るのは名誉と金です。それに対して、女の達人が腕に抱えるものは、**生きた女性**です。それも、**とびきりいい女性**です。

現在の女性は以前にくらべると、非常にオープンになってきました。また出会いの場もネットに合コンと、まるでゲームを楽しむかのようです。だからこそ、本当に自分が望むような女性、素晴らしい女性をモノにするには〝女心をつかむ技術〟が必要なのです。

そうでないと一部の達人に、いい女性はすぐもっていかれます。あなたがモテないというのなら、それは**心をつかむテクニックの差**なのです。

もともと欲望がない男なら仕方がありませんが、あなたに欲望があるなら、それも自分の人生を〝いい女性〟によってすばらしいものにしたいなら、思い切って可能性に挑んでみましょう。

女性も、嫌いな男の欲望だったらぞっとしますが、自分が好意をもった男の欲望であれば、すんなり受け入れたいと思っています。

女性にそれを待つ心、期待する心があるのですから、そのままにしておくのは損ですし、第一、かわいそうではありませんか！　女性を救うためにも、女の達人になる必要があるのです。

もっとも、だれでもなれるというわけにはいきません。私自身、〝口説きの神様〟といわれるまで、数十年の体験を積み重ねなければなりませんでした。

この結果、女にモテる男とモテない男の2種類がいることを知りましたが、それでも私が身につけたマニュアルの数々を知れば、少なくとも1人や2人は口説けます。

1人や2人といいましたが、それで十分ではありませんか？

「女というもの」を一言で言えば、〝楽しみたい〟生き物です。

そして、**楽しませるための最高の道具が「会話」**です。

笑わせるのでも、ほめるのでも、少し強引に迫るのでも、「この人といると楽しい」と一瞬でも思わせれば、それはもう彼女の心をつかんだも同然です。

決してむずかしいことではありません。

これから紹介する方法を知り、ちょっとした〝コツ〟をつかみさえすれば、出会って5分、食事中の5分、帰り道の5分……いや、場合によっては**たった一言**でも心を動かすことが可能です。

この効果は、まさに**想像以上。**


ただし、読むだけではダメで、失敗覚悟で体験を重ねること。

そうすれば、いつの間にか女性のほうから、あなたに近づいてくることでしょう。

さあ、いざ出陣！

櫻井秀勲

もくじ

2章 だれでも簡単にモテる方法がある!?
――一瞬で距離を縮めるこの方法

3章 なぜ、「この一言」で思い通りになるのか？

――女を動かす「言葉の心理術」

4章 《場面別》「きっかけ」はこうしてつかめ！
――怖いくらい効く「話の運び方」

5章 実践! エッチまでの会話術
——絶対「ノー」といわせないテクニック

6章 いつの間にか夢中にさせる「口説きの常識」
——女の本能をくすぐる「男の条件」

7章 あなただけに教える「いい女」の見分け方

――口説きの神様直伝「20の原則」

本文イラスト◇桜木さゆみ

1章

モテる男、モテない男

——違いは「最初の5分」の使い方!

1 モテない男ほど、こんな「常識」にとらわれている!?

本当の口説き上手は、女性のほうから〝口説いてほしい〟と思わせます。

AとB2人の男が、数人の女性グループに近づいたとしましょう。

Bは話しはじめてすぐ、「Aは、このなかのだれかを、前もって知っているのではないか?」と疑ってしまいます。Aが女性たちと早くも親しげに笑い合っているからです。

このBは「相手に自己紹介したときが、つき合いのはじまり」と思っている男。

一方のAは「近づいていくときから、すでにつき合いがはじまっている」と、行動を起こすような男です。

だから――

①近づいていきながら、手を上げたり、笑顔を見せる

②彼女たちに挨拶するとき、相手の目を見て、好意を抱くタイプを探す

③好きなタイプの女性は、いちばんあと回しにする

――こういった形で、数人の女性のなかに入っていくわけですが、このAとは筆者であるわたしであり、Bは読者であるあなたなのです。

このなかで、おそらくあなたにわからないのは、③の**「好きなタイプをいちばんあと回しにする」**という点でしょう。

一体、なぜなのか？

これは、**彼女にたっぷり事前情報を与えるため**です。

いちばん先に挨拶したのでは、前もって彼女にこちらの情報を与えられませんし、まだ雰囲気が硬すぎます。

それが数人で挨拶していくうちに、笑いが起こったり、こちらの性格も次第にわかっていきます。

ここがポイントなのです。

下手な男ほど美人から声をかけて、ほかの女性たちをシラーッとさせますが、それでは到底、女心をつかむまでには至りません。

本命はあとに残しておくのです。

「紅白歌合戦」でも、大本命（トリ）は、いちばん最後に出てきます。数人のグループでも同じことです。

2 一言も話さずに注目させる方法がある！

たとえば女性が4人いたら、最初は年長でリーダー的な人に挨拶し、その後、無難な2人にも挨拶を交わし、本命を最後にします。この挨拶の順番を間違えなければ、女性軍は、これだけであなたの好みがわかり、不思議と応援してくれるのです。

「やっぱり○○ちゃんが好みなんだ」

というわけです。

ここまでしておけば、挨拶のときに〝いかにも好みだ〟と、いってしまったってかまいません。だから、挨拶し終わったときは、もう互いに「デートに誘いますよ」「ぜひ」という暗黙の了解があるのです。

極端にいうと、まったく会話を交わさなくても口説けてしまうのです。それは**彼女**

ボクは君のことが
好きだヨ
真剣なんだ
デートしよう
ホント
かしら……

に行き着く前に、〝わたし〟という人間の情報公開をしているからです。

では、どういう種類の情報を最初に公開していけばよいのか？

それは、**「恥ずかしい部分」「最低の部分」「失敗の部分」「笑われる部分」**です。

とはいえ、メールの場合はまったく違います。それは本物のあなたが見えないからです。

そのため、メールでデートにまで漕ぎつけるには、ある程度まじめさをアピールしなければなりません。それは女性側の先入観として、メールで口説いてくるような男は本気ではないかもしれない、というネガティブなイメージがあるからです。

だから、すばやくそのイメージを打ち破らないと、いい女は反応してきません。

ところが――メールと違って、目の前に実物が立っている場合、彼女はすでに第一印象をインプットしています。もし、まじめそうだったなら、必ずその通りインプットしているのです。

しかし、どんな女性も、上品で常識的な想像通りの答え方をするような男に、興味は抱きません。

女は、一瞬、びっくりするような答えを出す男、なかでも最初から自分を低く出すような男に強い親近感を抱くのです。

3 心のバリアを外す「3つの話術」

親近感を抱かれる話術――これを**「おや、まあ、へえ」の法則**といいます。
①**「おや、**この人は想像したタイプではなさそうだわ」
②**「まあ、**なんて人なの。わたしが知っている男にはいないタイプだわ」

③「**へえ、**おもしろそう。一度、つき合ってみようかしら？」
明石家さんまの話術を研究するとわかりますが、彼は3〜5分ごとに、必ずこの3つの要素を組み込むため、最初から相手が笑ってしまいます。

彼の場合には、お笑いイメージが定着していますから、わざと、

「ここんとこ英会話を勉強しているんですわ」

「へえ、さんまさんって、勉強家なんですね？」

と驚かせておいて、

「へえ、アメリカの女とやるときのために、〝オー・イエス〟〝オー・イエス〟と練習してまんねん」

一挙に下ネタに落とすわけですが、これで女性から嫌われるかといえば、１００％そんなことはありません。こんなおもしろい人と一緒にいたら、どんなに楽しいだろう、と想像するからです。

そして、ここが重要なポイントですが、**女は自分を楽しませてくれる男には、必ずセックスをさせてくれる**のです。

ひとつには、セックスの価値観がそれだけ下落したこと。ユニクロではありません

が、〝センスある安売り〟時代に入っているからです。

以前なら一流デパートの高級ブランド売場に陳列されていて、めったに触れさせなかったような女性が、近ごろでは渋谷や新宿、原宿などのメインストリートでも触れられるようになってきました。

いい換えれば、〝触れさせなかった時代〟から〝触れさせたい時代〟に入ってきたのです。

ですから、なるべく短時間に「オレもきみと同じだよ」というところを見せてやる必要があります。

これが「おや、まあ、へえ」の話法なのです。

4 この5つのポイントをゆるませるだけでいい！

「まじめ人間」でも、第一印象と反対の〝びっくりするような笑える自己紹介〟をしたら、女心をつかむ可能性が高くなることがわかったでしょう。

女性は、エラそうな口をきく男を軽蔑します。

なかでも、女性を見下したような話しっぷりの男は最低で、まず相手にされないでしょう。

まして、結婚を前提としたつき合いでなければ、楽しい男が最高です。若い女性たちの話を聞くと、30分、1時間で何回笑わせてくれるか、その回数で男を選ぶといっていましたが、**「笑いをとる男ほどモテる」**のです。

では、なぜ〝笑い〟がいいのでしょうか?

女を**〝ゆるませる〟**ことができるからです。ここで〝ゆるませる〟というキーワードが出てきました。

①涙腺をゆるませる
②口元をゆるませる
③財布のヒモをゆるませる
④ウエストをゆるませる
⑤女性器をゆるませる

仮に5分間でこれらをすべてゆるませるとしたら、女性はどうなるでしょう。あなたから離れられなくなるに違いありません。

「母が早くに亡くなったので、母に似ている女性を見ると、もうダメで……」

詐欺師《さぎ》のようですが、こう話すだけで、その日のうちにホテルに行ける場合だってあるのです。涙腺がゆるむと、不思議なことに女性器もゆるむのです。

もっとおもしろい話をすれば、彼女の両脚の親指をあなたの指で軽くもって外側に開くと、どんなに固く閉じた両脚でも、簡単に開いていきます。女性の体は、思わぬところでつながっているのです。

たとえば、耳の穴に男の息を吹きつけると、くすぐったがりますが、それと同時に女性器もじっとしていられなくなり、次第に潤ってきます。

わたしが5分で口説けるというのも、こういった女性の体の連動を知っているからこそ。

女性器から遠くてもそこにさわったり、息を吹きかけたり、なめたり、くすぐったりすれば、5分間という時間はそれほど短くありません。

たっぷり時間があるとはいえませんが、ゆるませるぐらいは十分できるのです。笑わせれば口元はゆるみ、おいしい食事をすればウエストがゆるみます。

ところで、わたしはデートのときに、食事代を女に払わせることもあります。

仕事上では男が払い、プライベートでは女に払わせる。これはわたしの法則です。

それはなぜか——次の項で説明しましょう。

5 もう一度会いたいなら、財布を〝共有〟しなさい！

プライベートでは女に支払わせる——ただし、ここはテクニックが必要です。わたしの秘法をお教えします。

それは、**「もっとも安いところ、たとえば喫茶店だけ、彼女に支払わせる」**というものです。

とはいえ、彼女がお金をもっていないことも考えられます。そこで、

「これで払ってくれる？」

と財布を出して、彼女に渡すそぶりを見せます。すると、女性はほとんどの場合、

「わたしが払っておくわ」

というはずです。

ここで女性には、**2つの心理**が浮かび上がります。

「払った分は、返してもらわなくちゃ」というものと、**「だから、しばらくつき合わなくちゃ」**という、奇妙な心理です。

女がケチというのが、ここです。

金額は別として、相手の分も出したときは、必ず何かでお返しを求めるもの。

つまり、女に払わせるということは、すなわち次のデートの約束をしたも同然です。

ケチ心理を巧みに利用したものですが、こうしておくと、**わずかな時間で〝2人心理〟ともいうべき連帯感ができ上がってしまう**のです。

財布を共有できれば、口説けたも同然です。このようにモテる男は、女性心理を巧みに利用していきます。

ところが、下手な男ほど、どういう話をしたらいいか、嫌われないマナーはどういうものか、そればかりが頭のなかを駆けめぐってしまうのです。

仮にそうやって知り合ったとしても、その後、どうやって口説くのでしょうか？

「5分で女心をつかむ」という本音をいえば、**最後の目標はずばり〝エッチ〟**です。

お見合いでもなければ、入社試験でもありません。

どんなに自分が優秀か、熱心にアピールしたところで、エッチで女を楽しませられなければ、ポイされるのです。「東大卒」なんていう肩書は、不要どころかマイナスです。

それより、「この人とつき合ったら、いまと違う世界に連れていってくれそうだわ」と、夢を見させてしまえば、手っ取り早くモノにすることができるのです。

その方法はたったひとつ、「この男は、ほかの男と違っている」と思わせること。

5分間というのは、それを印象づけるための時間、と考えるべきです。

6 口下手でも、女心をつかむのはむずかしくない！

会話術というと、ともかく、しゃべらなければいけない、と思うかもしれません。

それは違います。

極端な場合、こちらが無口でも相手にしゃべらせれば、会話が成り立つことだってあるのです。

たとえば、公園で待ち合わせたとしましょう。別に公園でなくても、どこでもかまいませんが、そのとき、ソフトクリームを2つもっていけば、下手な紹介をするより、はるかに親しみのある出会いになります。

これこそ真の会話なのです。

女がもっとも好印象をもつもの――それは、先ほども書きましたが、〝**意外性**〟なのです。

実は、印象には2通りあります。

〝与えるもの〟と〝残すもの〟です。

このうち「好印象を残す」のは、見合いのように、あとでじっくり考えさせる場合に限ります。

女を口説くときは、速戦即決でいかなくては、なかなかうまくいきません。なぜなら、場の雰囲気が重要なファクターを占めるからです。

そこで**「好印象を残す」より、「楽しい印象を与えつづける」ほうが必要**になってきます。

しかし、なかには話下手の男もいるでしょう。女性の前に出ただけで、おどおどする人もいるでしょう。

実際には、そんなかわいげのある話し方も、女には好ましいものなのですが、ほとんどの男はペラペラしゃべりの男に圧倒されてしまい、あがるだけでなく、クラーくなってしまうのです。

そうであるなら、アイスキャンディーでもソフトクリームでも差し出したほうが、よほど気がきいています。

そして、それが女性の口元をゆるめたなら、大成功というべきでしょう。

会話下手だからといって、悲観する必要はまったくありません。

7 女心を開くカギは、この「最初の一言」

〝心に届く言葉〟というのを知っていますか？

わたしは、ときどき初対面の女性に向かって、

「やあ、しばらく」

ということがあります。先方は不思議に思って、

「どこかでお目にかかりましたか？」

と尋ねてきます。

これは意表を突く印象の与え方です。

「申しわけありません。はじめてでした」

「そうですよね。びっくりしました」

でも、これだけでグッとくだけていることがわかるでしょう。これを「はじめまして。櫻井と申します」からスタートしたら、行儀よい5分間が過ぎるだけで、互いに

コーヒーをするだけ、ということもありえます。

男が上に立つ、ということは、何も、いばることではありません。往々にして、ここを間違える男がいます。

反対に、女の権利を主張して、いばった口調で話す女性もいます。これも「いばった口調でいえば上に立てる」と錯覚しているだけで、実際は男たちから笑われているのを自分が知らないだけの話です。

あなたも、そうなのです。

ウエートレスを呼んでエラそうな口をきいたら、目の前にいる女性に、バカにされるだけであることを知らなければなりません。

上に立つということは、その場の責任をもつということで、上司は会議を仕切らなければなりませんし、家の主人は客を満足させなければならないのです。

ということは、デートなら、男が彼女にサービスして、快い時間を過ごしてもらわなければなりません。だから、心に届く言葉を用意し、リラックスしてもらわなければならないのです。

これは、男の義務であり、責任ともいえるでしょう。

8 「この人は特別」と思わせる、ちょっとしたコツ

男の義務と責任。

このことを心得ておけば、どういう心遣いをすれば、心にいち早く届くかがわかるはずです。

「迎え3歩に見送り7歩」という言葉があります。客を迎えるときは玄関のほうに3歩、歩いて行け、客が帰るときは4歩プラスして7歩送りなさい、という鉄則ですが、女性を迎えるときも同じです。

同じ5分でも、椅子に座って待つ5分間より、**椅子から立って、2、3歩近寄る5分のほうが、はるかに効果的**なことがわかりませんか?

それに、対面した椅子では、互いにおじぎする以外にありませんが、椅子から立って迎えたときは「ようこそ」といいつつ握手することもできますし、肩を抱くように椅子に座らせることもできます。

帰るときでも、名残りを惜しんで、7歩余計に歩いて握手をすれば、まず、普通の女性だったら、

「心の温かい人だわ」

と、思うはずです。この場合は〝言葉を足にいわせている〟ようなもので、**〝目でものをいう〟だけでなく、手でも足でも会話することができる**のです。

ここで注意しなければいけないのは、手だけはふだんから手入れしておくことです。握手するときの手がネチャッとしたら、彼女は思わず手を引っ込めるかもしれません。とくに脂性の男は、手をよく洗っておくことが重要です。

女性と初対面のとき、彼女が見るのは、まず顔です。ところが少々、遠慮深い女性になると、顔をじろじろ見るわけにはいかないので、手を見ることになります。

手であれば、コーヒーカップをもつとき、たばこを吸うとき、あるいは手帳をめくるときなど、いつ、いかなるときでも、じっと見つめていて、おかしなことはありません。

だから、手を清潔にしておくことは、少なくとも、嫌悪感を抱かせずにすみます。

これも相手の心に届くサービスの一種なのです。

ここまで気がついたら、女心をつかむのはたやすいことです。

9 「いい人」は、「モテない男」の代名詞⁉

少し踏み込んでみましょう。

女性は危険の少ない男を喜ぶでしょうか？

それとも経験豊富な男のほうでしょうか？

男の大多数は、できるだけ経験を少なく見せようとします。「女性経験があるように見せると、なんとなく不潔がられるのではないか？」と思うからでしょう。

ところが、それは不正解です。

知的な悪さを出したほうが、彼女はドキドキして熱くなるものです。「いい人」と思われたところで、気分がいいだけの話。プラスは何もないではないですか。

極論すれば、経験豊かなおもしろい話にのってくる女が1人いればいいのであって、

「そんな話は聞きたくないわ」という女が9人いても、一向にかまいません。

もっと踏み込めば、はじめて2人で会ったとき、彼女がもっとも興奮するのは、男のアレの失敗談なのです。

「キスしようと思ったら、ニンニクのにおいで、どうしてもできなかった」という類《たぐい》の話なのです。

そして、ここがポイントですが、

「ニンニクだったら、一緒に食べませんか？」

とやるのです。これで彼女はゲラゲラ笑いつつも、自分に気があるな、とわかりますし、笑いながら「そうしましょう」と、間接的にキスを承認してくれるのです。

あるいはまた、

「さあ、どうかしら。わたしがニンニクが嫌いだったらどうする？」

と、思わせぶりな返事をするかもしれません。

しかし、この種の会話を交わしただけで、外に出たときは手を握れる関係になってしまうのです。

「ニンニクなんて大嫌い」

といった女であれば、ムダ金をつかう必要がなくなるのですから最高です。

男が「清く正しく美しく」といった面を見せるのは、口説き、あるいはモノにする目的のときは、かえって邪魔だと思うべきです。

いずれにせよ、**スリルがない人とデートするくらい、彼女にとってムダな時間はないのです**。どんな女でも「何のトクもない男と会話するくらい、バカバカしいものはない」と考えているのです。

10 「口説ける女」を見極める、こんな質問

あなたは彼女に、どんなトクを与えられるでしょうか？

女はトクすることがなければ、2度目のデートには応じません。

そこで最初の5分間にトクする点を、一挙に並べてみましょう。

念のためにいいますが、その辺の食事では、彼女にとって何のトクもありません。ひとりでラーメンを食べるほうが、はるかに面倒でないのですから。

そこで最初の挨拶を終えたら、端的に、

「今日は、あとでゲイバーに行ってみませんか？」

といってみましょう。

これは単なる〝ゲイ好み〟というのではありません。おもしろい遊び場をいろいろ知っている男だぞ、という情報を与えているのです。

さらに、この人は遊び好きだ、つき合って楽しそうだ、女のわたしがひとりで行けそうもないところに連れていってくれそうだと、瞬時に彼女は反応するでしょう。

「うれしい」

といえば、もう半分、口説けたようなものです。

「わたし、そういうの嫌いなんです」

こう答える女性がいたら、さっさと切り上げましょう。このあと、つき合っていても、見込みゼロです。**口説き上手は、見込みの少ない女を、いかに排除するかのプロ**なのです。

しかし、せっかくですから、

「じゃあ、おもしろい場所はダメなのかな？」

と念を押してもいいでしょう。

わたしの経験では、半分ぐらい「いいえ、そんなことありませんが」といいます。なぜかというと、男からさっとデートの誘いを切り上げられると、「自分はそんなに魅力がないのかしら」と心配になってしまうからです。

ゆっくり口説くのであれば、口説き方はグッと広がりますが、**短期決戦のときは、できるだけすばやく、好みの判定をするのが大事**です。この際、話題や趣味で嫌われるのを恐れてはなりません。

11 彼女が黙ってホテルについてくる魔法の一言

今日は決める！　と思った日は、**待ち合わせ場所**から選定しなければ、うまくいかないでしょう。

わたしは混んでいる喫茶店を指定します。それも東京でいえば、繁華街のホステスが客と待ち合わせているような店です。

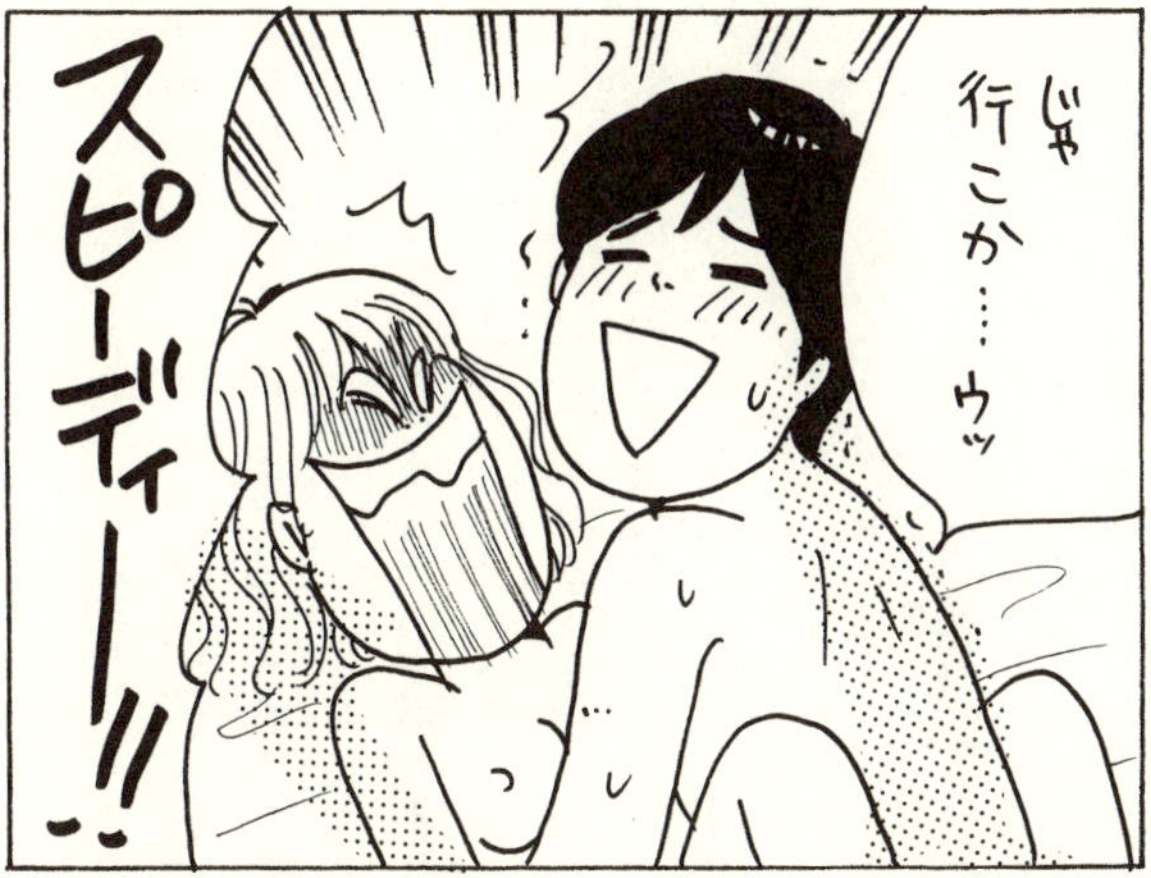

そこでわざと2、3分遅れていくか、反対に2、3分早く着いて、さっと伝票を取って彼女と外に出てしまうのです。

決めるべき日に喫茶店で時間をつぶすと、肝心のときに「帰りが遅くなってしまうわ」と、時間を理由に断られることがあるからです。

つまり、**最初の5分間で、男のペースに巻き込む。**女性は自信ありげな男には、あまり反対しません。

「行こか」

〝行こうか〟の〝う〟も抜くほどスピーディーに、飲みに行くとか、レストランに行くとか、さっと決めるのがコツです。このとき「どこに行くの？」と女性が聞かなければ、成功間違いありません。

「行こか」

には、〝どこに〟という目的地が示されていません。もしかしたらホテルかもしれないのに、すぐついてくるようだったら、食事のあとにもう1回、

「じゃ、行こか」

といっても、反対する理由がありません。

このとき、彼女も「今度はホテルだな」と胸のうちではわかっているはずで、あとは黙ってタクシーに乗せて手を握ってやれば、うまくいくはずです。

要は**自信にあふれた行動をすればいい**のであって、卑屈に「ホテル行かない?」などといったのでは、蹴飛ばされるのがオチでしょう。

12 男の行動力——女はどこを見て、どう判断するのか?

口説くのは、何も喫茶店やレストランだけではありません。

帰り道という手もあります。

会社からの帰途、駅まで5分の道のりで、はたして口説けるか？　まったく彼女にその気がないのでは、口説くことは不可能です。

その代わり、ふだんから互いに気になっているなら、帰り道はよい機会です。
①まず飲み屋に誘ってみる
②次いで別の日に誘ってみる
これが一般的ですが、ちょっとしたワザを使ってみましょう。

「これから巨人戦行ってみない？」

「えっ、チケットもってるんですか？」

「いや、ない」

「じゃ、どうするの」

「金券ショップに行って交渉してみよう」

一見すると口説きとは何の関係もないようですが、少しでも好感をもっていれば、彼女はシビれてしまうのです。

女はこういう予想外な男の行動力に恋してしまう、といっても過言ではありません。

何しろ、これまでつき合った男たちと筋が違うのです。

「金券ショップにチケットがなかったらどうするの？」

「別の店に行くんだよ」

「そこでもなかったら？」

「ホテルに行って巨人戦見ようよ」

ウソのような話でしょう。

しかし、これで成功した、わたしの友人がいるのです。

よく考えてみると「金券ショップにチケットがなかったらどうするの？」と口にした段階で、彼女はとことん彼と一緒に行動してみようと、覚悟を決めているフシがあります。

そして、ここがポイントですが、**野性味のある向こう見ずな男ほど、女を根本から揺り動かし、人生観まで変えてしまう**のです。

世の中には、手続きを踏まなければならない女と、無造作にズカズカ入ってくる男を歓迎する女の2種類がいることを知っておくことです。

13 脈あり？　脈なし？　コインひとつでわかる、こんな遊び

飲み会は、男女ともにチャンスを狙っています。

もちろん、なかには好きな男がいて、その彼にターゲットをしぼっている女性もいます。だから、いちがいに、うまくいくとはいえません。

ただ、**エッチしたい女もいることは確かで、それをどう見つけるか**でしょう。

女性のほうも、だれでもいいわけではありません。エッチという遊びですから、好みのタイプでなければ応じないので、こちらもそれに対応しましょう。

「今夜、つき合ってくれるかどうか、10円玉で賭けない？」

と、やってみましょう。

これだと何人もの女たちは、おもしろがって「やろう、やろう」とヒザを乗り出します。当然、ほかの男も「オレも入れてくれよ」といい出すに決まっています。

しかし、そこは最初に提案した男に優先権があります。

まず男が10円玉を回して、裏が出たとします。

さあ、今度は女性たちの番で、裏が出た人がデート相手と決まります。

「2人裏が出たらどうするの？」

「決まっているじゃないか、3人で……だよ」

これで一気に盛り上がります。

こういった遊びで口説く方法もあるのです。

女には結構、ギリギリの遊びを喜ぶタイプもいます。とくにアルコールが入ったりすると、酔いのせいか、エッチな気分になりやすく、いつもはおとなしい女性が度胸満点になってくるものです。

わたしの友人で少しマゾな男がいますが、飲み会になると、

「女王様、わたしにご奉仕させてください」

と、女性たちにサービスして回ったり、靴をそろえたりして、モテモテです。山田詠美《えいみ》の『ひざまずいて足をお舐め』をやおらかばんから出して、

「どうかおみ足をいただかせてください」

とやるものですから、飲み会では大騒ぎになります。これで彼は、いつも女が絶え

たことがないといいます。

わたしも一度やってみたいと思うのですが、まだチャンスに恵まれていません。近ごろのように男っぽい女が増えてくると、この方法も5分間で十分でしょう。

14 誘うとき、こんな〝遠慮〟は逆効果！

いままで何十人、何百人の女に口説き文句をいったか忘れましたが、自分でも驚くほど効果があった言葉があります。

それは、

「いま、きみがほしい」

「イッたことがないなら、イカせてあげようか」

この2種類です。

非常にストレートで、なかにはバカにする女性も大勢いました。

「間に合ってますよ。毎晩イキすぎて疲れはてているの」

という女性もいたり……。その反応を見ているだけでも楽しめます。

まあ、ほとんどは、

「またエッチな話なの。やーねえ」

と顔をしかめますが、まんざら当たりがないわけではありません。

何しろ、いうだけならタダですし、反応もタダで見られるのですから、テレビドラマを見ているより、よっぽどスリルがあります。

いちばん効果的なのは、バーやクラブに連れていったとき、小さな声で、

「いま、きみがほしくなっちゃった。困った」

というのです。バーに入ってすぐトイレに行き、戻ってきたとき、席に座りながらいってごらんなさい。

この〝困った〟というところが名文句なのです。つまり、勃起していて困っているというわけですが、こういわれると女性は怒ることもできず、結局、

「いまじゃなきゃ、ダメ?」

と聞いてきます。もう抱いたも同然で、この一言は、実はノックアウトする一撃といっていいでしょう。

これは、手をつないで歩いているときでもできます。

突然立ち止まって、

「きみがほしくて、下腹が痛くなっちゃった」

としゃがみ込むのです。これでどんな女性もオロオロしてしまう。何しろ、しゃがみ込んでいるのですから、

「大丈夫？　どうしちゃったの？」

と、びっくりしたり、

「わたしが出してあげようか」

1分前まで赤の他人だった女性が、次の瞬間には恋人になっているのですから、言葉の力は偉大です。

「イッたことないなら、イカせてあげようか」

の一言の威力もすごいものがあります。女性の多くは「イク」という感覚がよくわからないだけに、

「ぜひ教えて！」という女性も少なくありません。

あなたも遊びのつもりでささやいてみませんか？

2章

だれでも簡単にモテる方法がある!?

——一瞬で距離を縮めるこの方法

1 こんな〝ひたむきさ〟に女は弱い

先日、タロットカード占いの専門家に会ったとき、何人もの女性が控え室で、じっと待っているではありませんか。

「ずいぶん長い時間待たせているけど、いいのですか」

と聞くと、彼は自信たっぷりにうなずくのです。

ともかく熱心に話を聞いてやるので、一人ひとりに相当時間をかけているとか。しかし、これが彼の人気の秘密なのです。

職場でもそうですが、じっくり女性社員の話に耳を傾けてやる男ほど、人気が高くなるのです。

ときには仕事の報告や連絡が、いつの間にか悩みごとの相談になっても、面倒がらずに熱心に聞いてやりましょう。これは**〝ひたむきさ〟**なのです。

「言葉には汗が伴うといい」

という教訓があります。**何か教えるときでも、額に汗を浮かべながらしゃべると、女性はものすごく感動します。**

「この人は、これだけ一生懸命、わたしに教えてくれるんだわ」

と、いっぺんに好意を抱いてしまうのです。その男のひたむきな姿勢が、女性の胸を打つからでしょう。

以前、わたしが週刊誌の編集長をやっていたとき、新入りの女性の仕事が夜中になっても、うまくいきません。わたしは黙ってひたすら待つだけでしたが、とうとう完全徹夜となってしまいました。

しかし、この女性は、わたしの無言の激励で、その後伸びていったのです。男のひたむきさとは、汗とか時間といった具体的なものになってはじめて、女心をとらえるのです。

たとえば、食事を忘れて熱中してもいいですし、酒を断ってもいいわけです。欲望を殺してまでやる男は、必ず女性の好意を勝ち取れます。

口先だけでどんなにすばらしいことをいっても、職場の女性を味方につけることはできません。

それより、あなたのひたむきさを具体的に示すことです。

2 女心には「オモテ」と「ウラ」の顔がある!

ある週刊誌に、女性ライターが書いていた話です。

夜遅く彼女の部屋に男が電話して、

「いまから、会えない?」

「でも、もうお化粧、落としちゃったから」

彼女がこう答えました。

さて、彼女は本当に断ったのでしょうか？　本当に断りたいときには、女性は絶対にこうは、いわないというのです。

つまり、

「キレイなわたしで会いたい」

という心が秘められているのだから、もう一押しで部屋に入れてくれる、というわけです。なかなか鋭い筆でしょう。

では、本当に断りたいときは、何というか？

この筆者は、

「明日、早いから」

のせりふが最高だといっています。でもわたしは、それだと男につけ込まれると思います。わたしだったら、

「じゃ、玄関に花を置いておくね」

とでもいいます。行ってインターホンを鳴らせばいいのです。

ここが頭の使いようで、口説きは、男と女の心理ゲームなのです。

わたしがいちばん困る言葉は、

「いま、お父さんが来ているのよ」

この一声です。

本当かな、と思いつつも、危険な橋を渡りたくないので、退散せざるをえないでしょう。

人種的に見て、どんな断り方をしてもついてくるのは、イタリア人だといいます。

しかし、あの明るさは憎めない、と女性たちは口をそろえていいます。

何度断られようと〝突進せよ〟。これが女に対するキーワードです。

日本の女性は、しつこさを〝誠意〟と受け取る心をもっているのです。

3 女は、時間や約束をきっちり守る男を信頼する!

女性から信頼される男とは、どういう人間でしょうか。

それを知るために、まず〝信頼される人〟がどんな人か、考えてみればよいのです。

信頼される人とは、間違いのない人です。間違いがないというのは、決して裏切ったりしない、約束を破ったりしない人。

おわかりでしょう。

女から絶対の信頼を置かれる男とは、約束をしっかり守れる人なのです。

しかし、これだけでは不足です。この約束をだれにも話さない、口の堅い人でなくては、信頼されません。

逆にこの2つをしっかり守る人は、非常に評価が高くなります。

でも、この本でお伝えしたいのは、「女心のつかみ方」です。信頼されるだけでは不十分です。もう一歩、踏み込まなければなりません。

そこで考えてみたいのは、約束の結び方です。

あなたは、どう結んでいるでしょうか。

「ハイ、約束しました」

これではダメです。

まず第一に、**約束には時間や金額といった数字を、はっきりと入れる**ことです。

「明日の6時に会おうか」

こういったとしたら、その時間は雨が降ろうがヤリが降ろうが、守ることです。たとえ3カ月、4カ月先の約束でも同じことです。

逆にこの真剣さを、上手に伝えるテクニックもあります。女が「時間や約束を守る男を信頼する」という習性を巧みに利用するのです。

たとえば、〝明日の6時〟といったん約束しておいて、何か理由をつけて30分ほど遅れるかもしれないと、あとでいうのです。

そうしておいて、どうするか。6時5分か遅くとも10分に、あなたは汗だくになって約束の場所に駆けつけるのです。

女性のほうは信頼するだけでなく、あなたの行動に心から感動するでしょう。

時間、金額とは、〝**具体性**〟ということです。**あらゆる会話のなかで具体性を示し、それを誠意をもって守ることで女性の気持ちはつかめます。**

「午後5時までに300万円工面をしてくるから、○○ホテルのロビーで待っていてくれ」

これは詐欺師の常套《じょうとう》手段です。時間、金額、場所と具体性がすべて入っています。

でも、そんなに具体的にいってしまって、たとえば金の工面ができなかったらどうなるのでしょう。

その心配はありません。堂々とホテルのロビーに行って、わびればいいのです。

女性は、そこまで具体的にいってくれたのだから、さぞかし苦労したに違いないと、かえって感謝すらするのです。

あいまいに伝えたのでは、いくら誠意をもっていても女性は疑います。具体的な数字をいっておけば、たとえ守れなかったとしても、守ろうとした努力によって信頼がつなぎとめられるのです。

4 エッチな気持ちに火をつける3つの方法

「彼って不潔」「あの人ったらイヤラシイ」

女性グループの会話でこういわれたら、そのグループのだれかを口説くことはムリです。

万が一、そのなかの女性があなたに好意を抱いていたとしても、グループを裏切るようなことはしないからです。

男が女性たちに嫌われる決定的な欲望は、3つあります。

①女のハダカを見たい欲望

②女の肌や体に接触したい欲望

③露骨な会話をしてみたい欲望

それも一般の男たちは、この欲望を大勢の女性の前で吐き出したいという困った性癖のもち主です。

多くの女性は、そういう男たちを欲望の塊《かたまり》だと錯覚してしまうのです。軽べつされてから〝男というのはだれでもそうなんだ〟と弁解してても遅すぎます。

ところが、どうでしょう。

一対一のときにこの3つの欲望をにおわせれば、女性はむしろ興奮するのです。女の達人は、実はこの心理を利用して、巧みに女をモノにしています。

たとえば、大勢の前でセックスの話をしてイヤがられている男がいるとします。そのときあなたは、好意を抱いている女性に、ささやくように、

「本当は、ぼくもああいう心理があるんです。おかしいですか?」

じっと彼女の目を見ていってごらんなさい。必ず彼女は、あなたに特別な感情を抱くはず。これは、母性本能を強く刺激する高等技術です。

5 舞い上がらせて落とす、ほめ方のテクニック

女性には2種類あって、なるべく目立たないようにしたい人と、どこでも目立ちたがる人がいます。

実は、いい女には、往々にして「目立ちたがり屋」が多いものです。彼女たちをモノにするには、その〝自己顕示欲〟をかなえてやる必要があります。

そこで、おすすめしたいのは**〝だけ〟を連発する術**です。

「何人もの女性とつき合ってきましたが、こんなに夢中になったのは、あなた〝だけ〟です」

「今夜のパーティーには、なるほど、素敵な女性が大勢いますが、あなた〝だけ〟は段違いに美しいですね」

などと使うのです。

これで彼女は十分、満足するはずです。

この方法は、すぐれたセールスマンもよく使います。

「これは奥さん〝だけ〟に、〝だけ〟に似合う柄と色だと思いますよ」

「奥さん〝だけ〟に、そっと会社の倉庫からもってきちゃいました」

これで商品を買ってしまう主婦が多いことは、いうまでもないでしょう。

自己顕示欲といっても、何に対する顕示欲なのか、それをきっちりと知っておく必要があります。その日つけている衣服、高価な指輪、夫の社会的地位、自分の美貌、知性――そのいずれかで違いが出ます。

〝権威〟に執着している女性なら、こんなふうにもち上げます。

「この間、○○大学の先生に会ったら、あなたは首席だったそうですね」

「評論家の○○先生とお話をしたら、あなたほどの才媛は見たことがないと、絶賛してましたよ」

別に大学教授や評論家でなくてもかまいません。

「部長がほめてたよ」

尊敬のあつい部長なら、これでもいいでしょう。何らかの社会的な地位や権威を利用し、その人の口を借りて女性をほめたたえてしまうのです。

この**間接的なほめ方は、女性の自尊心を必ず満足させます。**実際にはほめていなくても一向にかまいません。まさか、その女性が部長に「ほめてくださってありがとうございます」と、お礼をいうことは絶対にないからです。

これは、はじめて2人で食事したときだって使えます。

「いまのレストランの主人が驚いていましたよ。あんな美人は、見たことがないって。すっかり、いい気持ちになってしまいましたよ」

この言葉に喜ばない女性はいないでしょう。

6 女は男がリードしてくれるのを待っている！

どこかの官僚は、常識がすっかりマヒしていることが大問題になりました。心がマヒすると姿勢が崩れ、普通のときの感覚がなくなってしまうのです。

政治改革のことは大臣にまかせて、ここでは、これを女心を崩すテクニックに応用してみましょう。

たとえば、彼女にふざけて、

「そんなことというとキスしちゃうよ」

といってごらんなさい。最初は、

「バカね、ヘンなこといって」

という言葉が返ってきますが、次の日もまた次の日も、

「よし、キスするとしたら、ほっぺだ」
「ほっぺはかわいそうだから、額だ」

こう繰り返してごらんなさい。

彼女は唇はイヤだけど、ほっぺや額ならいいわ、という気にだんだんとなっていくのです。

一種の催眠術のようなものですから、固い心が徐々にマヒしていく状態がよくわかります。

悪い男になると、①金がないので我慢してくれ、②何としても金を稼ぐよ、③金さえあればきみを幸せにできるのだが——こういう論法で彼女に迫ります。

このあやしげな三段論法で、彼女は喜々として風俗店に働きに行ったり〝これ使って！〃と金を貢ぐようになっていくから不思議です。

基本的に**話し方は断定的にいうほうが、女性には快く響きます。**

「ホテルに行かない？」

と男がいったのでは、女性は〃ハイ〃とはいいにくいものです。

それより「ホテルに行こう」というほうが成功の確率は高くなります。言葉が心をマヒさせやすいからです。

この〃話術でマヒさせる〃テクニックで、彼女に迫ってみましょう。

7 目をつぶらせたら、彼女はもう拒めない！

女が夢を見やすい状態にする。そんな状態に導くテクニックが、実はあります。

「目をつぶらせる」というのが、これです。

では、目をつぶらせるには、どうすればいいのでしょう。

①額、あるいはまつ毛にキスをする

②（目を開けていても仕方がない）暗がりに連れていく
③会話のなかで目をつぶらせてしまう
①と②はおわかりでしょうが、とっておきなのは③の〝目をつぶらせてしまう〟会話術です。
これには、まず**「笑わせる」**。

それに、**「恥ずかしがらせる」**。

そして、**「簡単な催眠術をかける」**の3つの方法があります。

笑えばだれでも、目をつぶるか、目を細くします。その瞬間、女は現実から少し遠ざかります。

あるいは、ちょっと気を引くような言葉をいってみる。彼女が恥ずかしがれば、必ず目を伏せます。その瞬間、彼女はすでに夢を見ているのです。

簡単な催眠術とは、次のようなものです。

「3秒間だけ、目をつぶってごらん。違う風景が見えるようになるよ」

「うっそー。そんなことあるわけないじゃない」

「ウソだと思ったら、ぼくが1、2と数える間だけつぶってみて」

この3秒間の間にキスしてごらんなさい。

怒られたっていいのです。その怒り方も、かわいいものに違いありません。

「ほら、もう風景が違って見えるだろ」

目をつぶらせると、もう顔のよし悪しの区別はなくなってしまいます。そこにあるのは、彼女にとっての夢の世界、理想の世界だけになります。

どういう形であれ、暴力と強引ささえなければ、女性は夢を見させてくれる男を拒むことは、絶対にありません。顔のいい悪いなど、まったく無関係に興味を抱くのです。

逆に夢の世界が暗いようでは、女は遠ざかってしまいます。暗い表情の男、眉間にタテじわが刻まれているような男は、女心を誘っても長つづきはしないものです。

8 「イヤ」「ダメ」「ヤメテ」——女の本心の見分け方

「イヤ」「ダメ」「ヤメテ」という女性の言葉は、はたして心から拒否しているのでしょうか。

これを軽い否定から重い否定順に並べてみるとどうなるでしょう。

実は、最初に書いた通りの順序になるのです。

「イヤ」とは「嫌い」ということです。これは純粋な否定語ではなく、そんなことをしたら嫌いになる、という予備信号です。嫌いになるかどうか、男なら試す価値は十分です。

「ダメ」というのは、倫理的な否定です。しかし、この言葉はズルズルと深みにはまる危険性のあるもので、こういう言葉をつねに口にする女性は、簡単に落ちるものです。

これに対して**「ヤメテ」という表現は、どこか男を軽べつした響きがある**のがおわかりでしょう。たとえば、「ヤメテ」といっている女性をモノにしても、心のなかで憎しみをもたれてしまいます。

ことに、この言葉に〝ヨ〟という語尾がつくようなら、必ずストップ。「ヤメテヨ」という表現には、男に対抗する強い意志があるからです。

女の達人はこの3語を、知り合った女性にわざといわせるように仕向けます。

彼女が「イヤ」というか「ヤメテ」というか。それによって積極的に出るかどうかを決めるからこそ、ヤケドを負わないのです。

9 触れて、さわって、恋人にする方法

「ガールフレンドはできたけど、もう一歩先に進めない」と悩んでいる男は結構多いもの。こういう男は、目の前にあるきっかけ、あるいはチャンスをみすみす逃しているのです。

たとえば、道を歩いていたら、

「危ないから、こっちを歩けば」

といいながら、腕を取ってやる。

デコボコ道にきたら、

「オレにつかまれよ」

と腕を差し出す。

トイレに彼女が行くときは、

「荷物をもっていてあげる」

といえば、確実に喜ぶはずです。

寒い時期だったら「コートとマフラーを脱いで行けば」といってやる。女性はコートをもたせる男性を特別視するのです。なぜなら、〝脱ぐ〟行為を男に見せるわけですから、一瞬、恋人のような錯覚に陥るのです。

すし屋に入ったら、自分のハンカチを彼女のヒザに敷いてやる。

「しょうゆでシミになったら、大変だものね」

と一言いえば最高です。

タクシーに乗ったら、「忘れるといけないから、荷物はオレのほうに置いておこう」。

こうすれば、彼女と密着するチャンスができるのです。

これらの行為は、すべて彼女に〝触れる〟きっかけづくりになるということに気がつきましたか?

そして別れぎわに、

「疲れなかった?」

と聞くのです。

「あなたが優しかったから、全然！」

彼女はお礼のキスをするでしょう。

10 ほとんどの男が見落としている“彼女のOKサイン”

わたしが見ていて、

「惜しいなあ、彼女はいま興奮しているのだから、肩を抱いてホテルに連れ込んでしまえばいいのに」

と、思うことがあります。

彼女が性的に刺激を受けているのを、男はわからないのでしょう。

これでは、せっかくのチャンスも台なしです。自らモテる好機を逸することになります。

髪の毛を何度もさわる、唇を舌で潤す、指輪をいじくり回す——これらの動作は、

すべて興奮を抑えるしぐさなのです。

あるいは、じっと男の目を見つめる、突然、視線を外すときもそうです。目の下がピンクにふくれる、手のひらが汗ばむときもチャンスです。

手を握るときも、握手をするのではなく、彼女の指を、1本か2本だけ握りしめてください。そのままじっとしていれば、OKの印なのです。

この種の女性の体に現われる特徴を見逃していたのでは、いつまでたってもモテる男にはなれません。モテる男は確実にチャンスをモノにしているのです。

さあ、今夜はじっくり彼女を観察してみてください。

11 あえて〝逃げ道〟をつくっておく

女を口説こうと思ったら、必ず**〝逃げ道〟**をつくっておくことをおすすめします。

「ごめん、つい酒に酔ってしまって」

「友達にけしかけられてしまって……」

こんなことを書くと、その場のノリで、ついうっかり口説いてしまったときの言い訳に……、などと思う人がいるかもしれません。

でも、そんな卑怯な男は言語道断です。

わたしがいいたいのは、**逃げ道をつくっておけば、〝お目当ての女性をもう一度口説けるチャンスがある〟**ということです。

「実は、きみとつき合いたい一心で、ヘンなことをいってしまって、ごめん」

「酒を飲みたくなかったら、コーヒーでもいいんだ。それもイヤなら、〝お〜いお茶〟でもいいんだ」

口説き直しを試みるときは、〝わびる〟か〝笑わせるか〟のどちらかで挑んでください。なまじ理屈をいったり、きまじめになったりしないほうがいいでしょう。

女性は、一般に真剣な男を敬遠する傾向があります。

一度寝たからといって〝オレの女〟呼ばわりされたくない。20代のうちは結婚しないで遊び回っていたい。そんな女性が多いのです。

だから口説きの真髄は**〝軽く〟**の一言につきます。暗い顔でブツブツいっていたのでは、女性は普通、逃げていってしまいます。

女性は〝暗さ〟には敏感です。あまり目が真剣になっていると、気持ち悪く思われるだけです。

たかが口説き、されど口説きなのです。

12 どんな女も確実に落ちる! 最高のタイミングとは?

以前、「刑事コロンボ」という人気テレビドラマがありました。

コロンボ刑事は質問を終えて帰りがけの玄関のところで、思い出したようにもう一度質問するのが癖でした。

「そうそう、あの件なのですが、ちょっとわからないところがありまして……」

質問が終わり、やっと帰ってくれる――ホッとした犯人は、そこでドキッとするのです。犯人を落とす絶妙のタイミングです。

女を落とすのも、実は**このタイミング**が重要です。

デートをして送って帰る、女性は満足したような、むなしいような気分で家に入ろ

うとする——その直前、

「結婚してくれますか」

ポッンといったらどうなるか。女性の胸を瞬時にときめかせるでしょう。

〝突然、不意〟は女の達人が使う手段です。

デートが終わり、おやすみをいう寸前に、手を握る、キスするなら、まず100％OKです。

もっと高等なところでは、部屋に彼女が入って明かりがついたときに、携帯電話で、

「もう寂しくなっちゃった」

とでもいってごらんなさい。部屋に入れてくれる確率は50％以上あるはずです。

女性は期待の重みに耐え切れない人が多いのです。待ちつづけると不安が先に立ってしまいます。

下手な男は、それがわからず機を逸してしまい、女の達人は不意に彼女のスキを襲い、成功するのです。

3章

なぜ、「この一言」で思い通りになるのか？

――女を動かす「言葉の心理術」

1 なぜか好かれる男は、話し方にこんな共通点がある！

女性とは目で話す――これを知らない男は、男をやめるべし。

男性同士では、互いに背を向けたままでも平気で話をします。会議などで、他人の話を目をつぶったまま聞くのも男性。

ところが目を閉じて話を聞く女性がいるでしょうか？

ことに好きな男性が話すときは、じっと彼の目を見つめて、まばたきもしません。これは女性が耳だけでなく、目や鼻、皮膚まで動員している証拠です。

そこで女心をつかむために、今日から**相手の目をのぞき込むように話す**こと。

その習慣がつけば、ただ目を見るだけでは能がないので、ジェスチャーや表情も加わるはずです。これが、言葉以外の視覚効果につながるわけです。

女性は男性と違って、第一印象を重視しますが、どんなにすばらしい話をしたからといって「まあ、素敵」とはいってくれません。

「感じがいい」「センスがあるわ」と彼女が好感をもつのは、しゃべる内容ではなく、雰囲気なのだ、と覚えておくことです。

女性を好きにさせる会話など、5分、いや5分すら必要ありません。

それに、優しい言葉、甘い言葉だけを口にする必要もありません。ときには怒鳴ったり、厳しい態度を示したりしても一向にかまわないのです。

問題は、そのときの男性の目。彼女に対して真剣に叱っている目であれば、彼女はますます好意を増幅していくのです。

女に好かれない男とは、そこを知らない、ただそれだけなのです。

2　口説きの名人に学ぶ「聞く技術」

女性は、聞くよりも話したがる生き物です。

もし一日中1語も言葉を発しなかったら、女はおかしくなる、といった哲学者もいるくらいで、夫婦仲が悪くなる前兆は、

「あなたって近ごろ、わたしの話を聞いてくれないのね」

こういう言葉が、妻の口から出たときだといわれます。

そこで女性と会話するときに、相手から必ず好感をもたれるには、女のほうになるべく多く話させることです。

こちらが話すのを3割、相手にしゃべらせるのを7割と考えれば理想的でしょう。ところが近ごろの男は、自分がしゃべるのに夢中で、他人の話をじっくり聞こうとしません。だから人の話を聞く余裕のある中年男性のほうが魅力的、という女性が増えてくるのです。

そう考えると、口数が少なくてもモテる男性には、簡単になれます。

たとえば、会社で男性がいわれる言葉で、それを聞いた女性の胸がキュンとなってしまうものに、

〝部長がほめていた〟〝決断力がある〟〝後輩を救った〟〝(上司からの)助かった〟などがあります。

詳しい内容はわからなくても、これらの言葉の意味するところは〝男らしい活躍〟にあることがわかります。

　これは好意というよりも〝憧れ〟といってていいかもしれません。こんな言葉をいわれているのを間接的に聞くだけで、彼女にとってあなたは〝まぶしい存在〟となってしまうのです。

　一言だけで女性の評判を集めてしまう方法もあります。

　わたしなどは、こんな高等テクニックを使います。会社のなかで、おばさんが掃除をしていたりすると、

「大変ですね」

と一言、声をかけるのです。

　これを周囲の女性が聞いていると、必ず好意を抱きます。これなら好かれるのに5分もいりません。

3 「過去の物語」より「明日のワクワク」が心をつかむ

女性誌には不思議なことに失恋記事がありません。

「わたしはこうして失敗した」

という過去形の記事は、女性の興味をそそらないのです。

その点、男たちとは大違いです。男たちは歴史好きですが、**女性たちは昨日のことより、明日のことが知りたい**のです。

男たちは学校の同窓会といえば、都合がつく限り出ようとしますが、女性はデートを優先させるでしょう。女性は妊娠、出産という未来形の役割を担っているので、過去を引きずりたくないのです。

男によっては、必ず思い出話をする人がいます。しかし、女性はあまり興味をもちません。

それより明日以降の楽しい話をしてくれる男性に、人気が集まるのです。

たいていの女性は、自分と関係のない〝男の過去〟を許してしまいます。よく私生活が乱れに乱れ切って離婚をいい渡された男性タレントが、すぐ次の相手を見つけてしまうのも、こんなところに理由があります。

たいていの女性の場合、男の過去には、意外とも思えるほど寛大であることを知っておいてください。

逆に女性の側でも、自分の過去の話をすることを嫌う傾向があります。どこの学校を出たのか、どの県の出身か、親はどうしているのかなど、職務質問や採用試験の面接のような話は出さないほうが利口なのです。

職場で女性社員に、「こんなことぐらい家でやってこい。大体、昨日はどこで遊んでいたんだ」と怒鳴った課長が、その日から女性社員全員にそっぽを向かれた、という実話があります。

〝昨日〟という過去に触れることは、女性にとってタブーにほかならないのです。

女扱いのうまい男は、

「今度来るとき、ケーキを買ってくるよ」などと、未来に夢をもたせます。

一見〝今度〟とか〝この次〟という言葉は実体がないように思えますが、女性には

〝シンデレラ・コンプレックス〟といって、いつか白馬の王子様が迎えに来るという夢があるのです。

その夢をくすぐることを忘れてはいけません。

4 この理由があれば、女はエッチするのも納得してしまう!?

人を好きになる理由に「類似性」というものがあります。

「類は友を呼ぶ」といわれるのがこれですが、反対に**「相補性」といって、自分にないものをもつ人を好きになる**ことがあります。

ほとんどの女性に欠けているもののひとつに、**「方向感覚」**があります。東京から見て近畿地方はどの方向か、信州とは一体どこなのかわからない女性が大勢います。

そこでその欠点を補ってやれる男性は、女性の人気を集めるのです。

しっかりしたホテルやデパートでは、女性客にトイレの位置を聞かれると、わかりやすいところまでボーイや店員が歩いてきて説明します。これは女性客には右とか左とかいっても、なかなか通じないことを知っているからでしょう。

職場などでも、女性に地図を書いてやるときは、くどいほど丁寧に教えることが必要です。

地図を書いたあとも、東とか西とか、方角で説明するのではなく、向かって右側、進行方向の左側など、きちんと教えるのです。

方向をきちんと教える男は、〝自分に優しい〟という一点で、女性は好意を抱いてしまいます。

とくに首都圏の女性には、東西南北の観念がほとんどありません。東口、西口というだけでは、彼女たちは不安であることを知っておくことです。

もうひとつ女性にないものは**「客観性」**です。

地震のとき、男は「危ないかな？」と思いますが、女性は「キャー、怖い」というだけです。客観的というより、主観的な人間であることがわかるでしょう。

そんなとき、「横揺れからはじまった地震は、それほど近くない」などと、ちょっと通ぶった理論をいうだけで、女性は安心するものです。

ただし、男のなかには一日中、数字と理論を口にする人間がいますが、それでは女性に嫌われてしまいます。

理論と客観性は何かことあるときに使うのです。いわば「安心させる小道具」といっていいでしょう。

「絶対痛くしないから」

こういってホテルに誘い込むのは、実は大変うまい方法なのです。

5 女に好かれるのは「歴史の人」より「地理の人」

職場の上司の話や学校の校長の話がなぜつまらないか、という理由のひとつに、自分が育った年代の話をしている、という点が挙げられます。

それでも、タレントの話を入れれば女性にウケるものと錯覚している人は、

「吉永小百合は……」

などとやりますが、彼女は1945年の生まれです。そんな〝昔の人〟の話を、おもしろがるわけがありません。

これでは、心理的連帯感は生まれてきません。

女性たちにとっては、1年前の話ですら、すでに過去の歴史的遺物なのです。ましてや生まれる前の話など、どうでもいいことです。

そこで「時代」という時間のタテ割りによる話題は、この際、女性との会話から除いてしまいましょう。

歴史家を捨ててどうするか、わたしにいわせれば、**地理学者**にこそなるべきなのです。

女性誌を見ればすぐわかりますが、**旅と食の情報**がいつも満載です。海外旅行はどこへ行くか、どこのレストランが安くておいしいか、こういったテーマは、いわば地理に属する話題です。

「○○さんという夫婦は戦時中……」

といった話ではなく、

「昨日食べにいったイタリア料理は、会社からそんなに遠くないし、味もいいぞ」

といった話に転換することです。これは年齢差を超えて、同時代に生きている連帯感を強める話題でもあるのです。

単に食べものや旅行の話と思ってはいけません。女性が政治に興味をもたないのは、それが歴史・時代小説と同じであって、地理ではないからです。

もし、あなたに〝歴史グセ〟があったなら、今日から思い切って話題を変えてください。

6 女のこんな〝テスト〟に気づいているか？

ある日、妻が夫に向かって、「わたしが多摩動物公園のライオンバスから落ちたら、自分がライオンに殺されるとわかっていても、バスから降りて助けてくれる？」と聞きました。

このとき夫は適当に、「そんなの、そのときにならなきゃわからないよ」と答えたところ、その妻は家を出てしまった、という実話があります。

「もちろん助けるさ。当然じゃないか」と力を込めていってほしいのが女心ですが、往々にして男は、「そんなくだらないことをいって！」と、まともに取り合わないのです。

これは職場でも同じであって、たとえば女性社員も似たようなことをつぶやく場合があります。

「わたしが2、3日会社を休んだら電話くれますか？」

「わたしがどうしても仕事できなかったら、教えてくれますか？」

――こんなとき、「甘えてばかりではダメだよ」と教訓を垂れる男は、絶対に女性に好かれません。

なぜなら、多摩動物公園の話にせよ、病気や仕事の話にせよ、甘えであることは本人もわかり切っているのであって、男に対する一種のテストなのです。

女性に昔から人気がある心理学者に、ユングがいます。彼は、だれでも二重人格的なところがあり、男でも心のなかにアニマ（女性性）と呼ぶ〝**優しさ**〟を秘めているのだ、と説明しています。

その優しさを自分に向けてくれているかどうかを、妻や女性社員は試しているのですが、男がそれを示してくれないと判断すると、とたんに冷めてしまいます。

たとえ動物でも、自分のテリトリー内の雌《めす》に対しては、驚くほどの寛容さと優しさを示すもの。

人間でも男たちは、自分の領域である家庭や職場では、妻や女性社員に対し、アニマという優しさを示すべきなのです。

7 「自分の欠点をいえる男」の魅力

だれでも、女性の前ではいいところを見せたいものです。

しかし、彼女たちはそういう男ばかり見ているせいか、互いに目配せして笑いをかみ殺しています。

「社長を説得してようやくわかってもらった」とか「オレの積極的な姿勢が役員会を動かした」など、自分を高く評価するようなことをいう男に限って、女性には信頼されません。

彼女たちはむしろ、**自分の欠点や短所をさらけ出す男に共感を抱く**のです。

「どうも口下手なもので、社長にわかってもらうまで冷や汗のかき通しだったよ」

「やっぱり役員会を動かすのは、積極性だけではダメだ。勉強不足だったのにラッキーだったよ」

などと率直に欠点をいえるような男にこそ、人間的な親しみを感じるのです。

ところが大方の男は、自分を一段高い位置に置こうとするため、女性を味方にできません。

女性たちはつねに嗅覚を働かせて、敵か味方かを判断します。嫌っている人に取り入ったりしている男は、「敵の味方は敵」と、すぐに敵視されてしまいます。

逆に、

「オレもあいつが嫌いなんだ」

と共感してくれるような男性は、味方と

判定されて、彼女たちの仲間に入れてもらえるのです。

女性たちは強いだけの男を評価しません。権力志向が強くて出世欲も強い男は、結局、自分たちを踏み台にする、という反発心をもっているのです。

8 「です」と「でした」——与える印象はここまで違う!

最初に見たときの印象は、だれの胸にも必ず残るものです。

もちろん2度、3度と会って印象は変わっていくものですが、どういうわけか第一印象がもっとも強く残ってしまいます。

「彼って、意外にいい人だったのよ」

「そう、でもわたしは、そう思わない。最初に会ったときの目が気味悪かったもん」

なぜこのような違いが出たか、わかるでしょうか。

実は前者は晴れた日の昼間、後者は雨の日の午後に会ったのです。

最初のデートの待ち合わせは、明るい色彩の喫茶店を選ぶのがコツですが、これも第一印象をよくするためにほかなりません。

極端にいえば、雨の日に会い、その日、女性が車に泥をはねられたとすると、その日に会った彼が洋服を汚したかのような印象をもたれてしまいます。

逆にタクシーをつかまえようとしたら、客がたくさんいた。そのとき、たまたま1台のタクシーが目の前に止まった。

それだけで、お互いが好意を抱くようになるのです。

だからこそ、たとえ5分でも、最初に好印象を残す会話、これはとても重要です。

たとえば、最初に「あなたに会えて、今日はとても幸福です」といった男がいたとします。たしかに女はいい印象をもつに違いありません。

しかし、もうひとりの男は**「あなたに会えて、今日はとても幸福でした」**といったとしたらどうでしょう。

彼女はどちらの男性を、より好意的に受けとめたか？

これは疑いもなく、後者の男が優位に立ちます。

なぜなら、最初の言葉を女はお世辞として聞きますが、あとのほうは確実に**男の気持ちとしてとらえる**からです。

彼女の手料理にしても同様です。

「わあ、おいしそうだな」

「わあ、おいしかった」

この言葉の意味が月とスッポンほども違うことは、おわかりでしょう。

さらに、あとに残る印象度となると、これに輪をかけて変わるのです。

9 あなたは、この〝女性感覚〟をもっている？

一見、それほどモテそうにない男が、職場では意外に人気が高いことがあります。

この男はたぶん、**〝女性感覚〟**のもち主です。

たとえば、「一糸〇〇〇ず」にひらがな3文字を入れよ、という問題があったとします。入れる文字は〝みだれ〟か〝まとわ〟のどちらかですが、たいていの男は「一糸まとわず」と入れてニヤニヤします。

しかし、女性感覚のもち主は「一糸みだれず」と入れる率が高いのです。そこには整理、整頓好きの女性像が浮かび上がってくるでしょう。

もしかして、この男は、ときどき女性たちの整理の手伝いをしているのかもしれません。だから、喜ばれるのです。

女性感覚のもち主は、言葉にも優しさがあります。

たとえば女性の机の上にメモを残すときでも、

「遅くなったら気をつけて帰ること」

などと、気配りを示します。普通の男なら、こうは書かないものです。

秀吉は手紙名人といわれていますが、女性に対して「愛している」と書くべきところを、「抱きしめたい」「我慢できない」といった赤裸々な言葉を書きつらねています。

妻に対しても、「こんなうまいものをひとりで食べてはもったいないので、急いでおまえに送る」と土地の名産品を送り、妻の心をくすぐっています。

これは女性心理をよく知っている男にしか書けません。

職場の女性を味方につけたいなら、「具合の悪い女性社員を見つけて、優しい言葉をかける」という方法がありますが、**彼女たちの身になって考えてやればいい**のです。

それが女性感覚です。

10 彼女の心理は「目の動き」に表われる

歴代のアメリカ大統領のなかで、暗殺されたJ・F・ケネディは、女性たちに圧倒的な人気がありました。彼がなぜ評判がよかったかというと、目を伏せて考える風情《ふぜい》がいい、ということがありました。

女性は相手の目の動きを、男性には考えられないほど敏感にとらえます。昔の俳優が「眼技」といったテクニックで女性人気を集めたのは、この特徴をよく知ってのことでした。

一方で**女性たちの心理は、目の動きにはっきり出ます。**その視線で、相手がどの程度こちらに関心を示しているかが、はっきりとわかるのです。

それは、次の通りです。

①女の視線が下向きになるのは、気弱になっているとき

②視線を左右にそらせば、拒否のサイン

③じっと視線を合わせてくる女性は気が強いが、こちらに興味を抱いている
④焦点がぼけて、こちらに何のサインも送らない女性は、まったく無関心
⑤目をキョロキョロ動かす女性は、迷っている

どうでしょうか。

これは見ず知らずの女性に対してだけでなく、会社や知り合いの間でも判断材料に使えます。

身近に気になる女性がいたら、それとなく観察してみるといいでしょう。

逆にこちらから視線でサインを送ることもできます。

①相手に情熱を伝えるとき
↓じっとひたすら女性の目を見つづける
②とても興味がある、気になって仕方がない、ということを伝えるとき
↓ときどき目を伏せて、相手の目をチラッと盗み見るようにする
③興奮していることを知らせるとき
↓ときどき唇をなめながら、視線を走らせる
④「かわいい」という気持ちを伝えたいとき（ただし、これはちょっと高度）

↓ときどき目を細めたり、目に笑みを含ませる

このように視線でこちらの気持ちを伝えるのは、周囲のだれからもわからないので、実行しやすいテクニックです。

ただし、どのような形にせよ、視線を返してくるのは10人中2人ぐらいと考えてください。

たったそれだけ、と考えてはいけません。その2人とは、あなたに承諾のサインを送ってきている女性なのです。なんと高い確率ではありませんか。

11 「ちゃん」「さん」「くん」を上手に使い分けよ！

女性のタイプによって「さん」で呼ばれたり、「ちゃん」で呼ばれたり、これは会社の雰囲気によっても違います。

しかし、相手から好かれたいなら、この呼び方をうまく使いこなすことです。

ひとりだけ〝ちゃん〟で呼んだら、あやしい関係だとカングられるおそれもありま

す。それも〝えりちゃん〟などと名前で呼ぼうものなら、ほかの女性社員から相手にされなくなること必至です。

女性にモテる男は、実はこの名前の呼び方を使い分けているのです。

①大勢の前では〝さん〟づけで、気持ちよくさせる
②2人だけのときは〝○○ちゃん〟と親密さを示す
③ふだんは〝くん〟づけで呼ぶ

このくらい気をつかえば、女性のほうから味方になってくれるものです。

外出先から帰ってくるとき、たまには女性社員にケーキを買ってきていますか？

女性をいざというときに動かすためには、日常の小さなサービスが意外に重要です。

それも、ただ買ってくればいいというものではありません。

男性社員Aが、有名なケーキ屋でケーキを買ってきたとします。女性社員はもちろん大喜び。そこへ社員Bが、1週間前に情報誌のスイーツ特集で紹介されたケーキ屋の包みをぶら下げて帰ってきました。

「わあっ！　これ先週紹介されてたお店だ！」

「私、一度食べてみたいと思ってたんだ！」

女性により好かれるのは、社員Bのほうだということが、もうおわかりでしょう。

企画会議で課長が決断を下します。

「よし、これでいくか。○○くん、どうだね。これでいけるだろう」

日常見られる会社風景です。

このとき、女性の意見を聞いたほうがいい問題にもかかわらず、「課長、間違いないけますよ」と答える男は、陰で女性社員から非難を受けます。

以前、不景気風が吹いたとき、ある企業で〝トイレと湯沸かし場は2人一緒に行ってはいけない〟という指令を出し、部長排斥の大騒動になったことがあります。

〝女はおしゃべりだから、時間がムダになる〟という理屈でしたが、女性に意見を求めずに実行したから、こんな悲劇をまねいたのです。

12 女が必ず乗り出してくる2つの話題

口説く相手が美人であるほど、ほめられてもさほど喜ばなくなります。ほめて落ちるほど、簡単ではありません。

「素敵な唇ですね」

などといおうものなら、3間ぐらい蹴飛ばされたって文句はいえません。これでは、即、失格です。

美人を口説き落としたいなら、思わぬところから攻めていくのがコツであることを覚えておいてください。

たとえば、彼女の名前が「夏帆」だったとしましょう。

「夏のお生まれですか？」

と聞くのです。「萌」だったら春の生まれに違いありませんし、「桜」とか「若菜」だったら春～初夏の生まれでしょう。

何も名前でなくともかまいません。身につけているジュエリーの種類を見れば、誕生日がわかる可能性があります。

たとえば、ダイヤモンドは何月の誕生石だか知っていますか？　ルビーは？　これは全部覚えていて損はありません。

1月…ガーネット、2月…アメシスト、3月…ブラッドストーン、4月…ダイヤモンド、5月…エメラルド、6月…パール、7月…ルビー、8月…メノウ、9月…サファイア、10月…オパール、11月…トパーズ、12月…ターコイズです。（複数の誕生石がある月もあります）

「5月のお生まれですか？」

「えっ？　どうしてわかったの？」

「だって、エメラルドの指輪をしてるじゃないですか。5月生まれだったら、牡牛座ですか？」

「よくわかるわね！」

星座はさらに基本中の基本です。「オオフカシオテサイヤミウオ」としっかり覚えておきましょう。これは、4月から順に星座の頭文字を並べた覚え方です。

4月…牡羊座、5月…牡牛座、6月…双子座、7月…蟹座、8月…獅子座、9月…乙女座、10月…天秤座、11月…さそり座、12月…射手座、1月…山羊座、2月…水がめ座、3月…魚座。

これらの星座は、ほぼ前の月の20日ぐらいからはじまることを覚えておきましょう。まず、この知識だけで〝この人はおもしろい〟と、女性に印象づけられることは間違いありません。

13 ワザあり！ 気持ちをつかんで離さない会話術

あなたは毎日、会社や学校と自宅をただ往復しているだけではありませんか？　それでは女性と話がはずみませんし、ましてや口説けるわけはありません。

女性の話題は、男たちの4倍広いのです。

男はせいぜいスポーツ、酒、映画の話ぐらいしかできませんが、女性は海外旅行、ファッション、料理からはじまって、テレビ、映画、スポーツ、音楽、読書と、話題がとどまるところを知りません。

そこで、少なくとも1週間のうち何日かは、通勤の道を変えてみましょう。それだけでも風景が変わり、話題が見つかるものです。

女心をつかむ方法のひとつに〝**異体験を味わわせる**〟というものがあります。**ふだん彼女が行ったことのない未知の場所を体験させると、急に親しくなれる**のです。

たとえば、お化け屋敷や遊園地の怖い乗り物を一緒に体験すると、親和欲求という心理が働き、いつの間にか手を握り合ってしまうのです。

それだけに女性は、生活圏と趣味の広い男性に憧れます。F1レースに行こう、競馬に連れていってやろう……まじめな秀才より遊びの天才のほうが、はるかにモテるのです。

このテクニックを逆に使うのが、女の達人の極意です。海辺のホテルの話をすると、彼女は必ず2人で行くシーンを想像するもの。軽井沢の教会の話をすれば、ウエディングドレス姿の自分を、一瞬であっても夢見るのです。

このテクニックは、おもしろいように女性がなびいてくる高等心理学です。ぜひ応用してください。

14 「YES話法」で女は思い通りに動く

自分の思いを彼女に受け入れさせてしまう――〝念力〟のような魔術を使えたら最

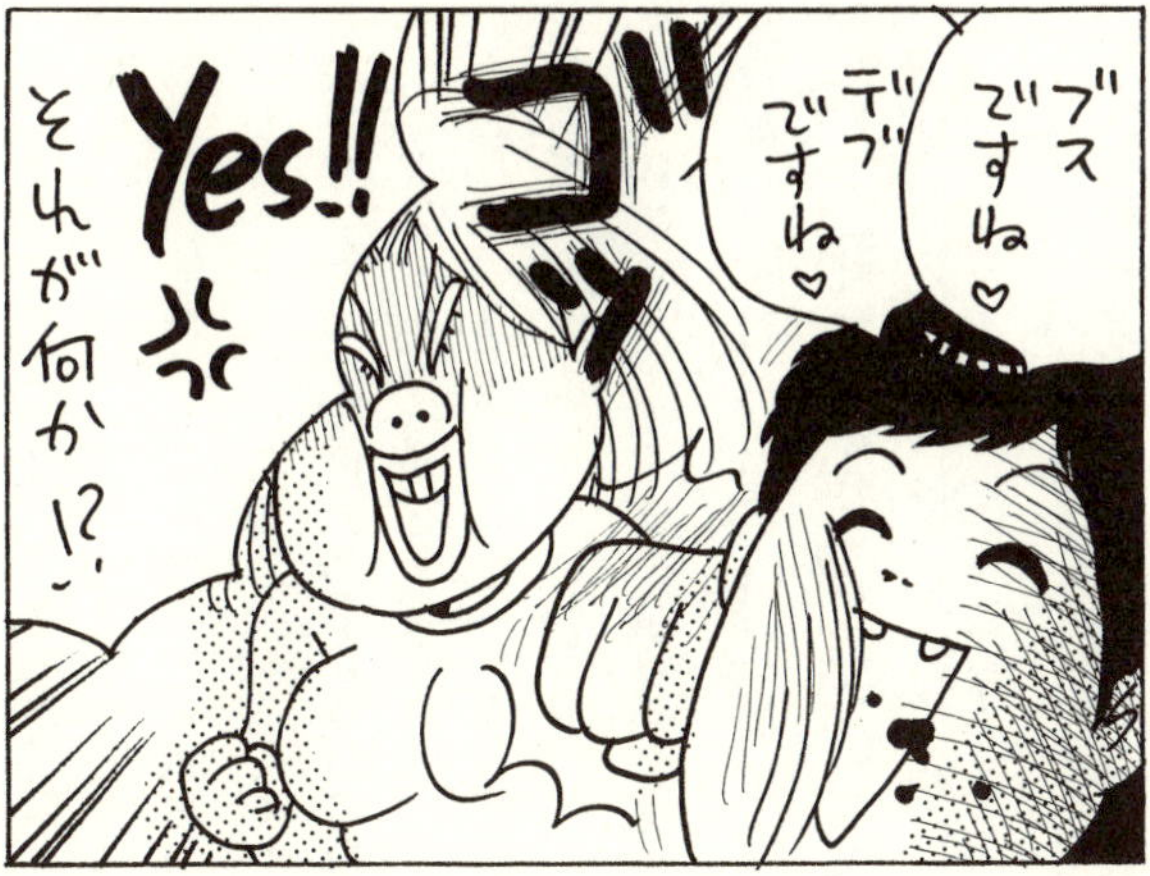

高だと思いませんか。

実は、あなたにも簡単にできるのです。

はじめて会った女性を素敵だと思ったときは、こういう会話をしてごらんなさい。

「今日はすばらしい天気ですね」

「いつもの年より暖かいですね」

「おいしいもの食べるの、お好きでしょう？」

「あの外国人の赤ちゃん、かわいいですね」

「今日のピンクのドレス、素敵ですけど、ピンクはお好きですか」

何でもない会話に聞こえますが、実はこのなかに念力のカギが入っているのです。

まず第一に、**「YES話法」**が含まれていることです。

先に挙げたのは、どんな女性でも「いいえ」と否定せず、必ず「ハイ」と答える質問です。嫌いな色のドレスをわざわざ着ている女性はいないでしょう?

第二に女性が好きな**食べもの、赤ちゃん、ファッションの話題を入れてある**ことです。女性が安心できるよう仕組んであります。

第三は、**明るい雰囲気の問いかけになっている**ことです。〝イヤですね〟〝嫌いですか〟などと、気分が滅入る言葉は入っていません。

この5つの話題で話しかけたら、彼女はどうなるか?

「なんてフィーリングが合う人かしら」と魅入られたように、こちらの念力にかかっていくのです。さあ、試してみましょう。

15 〝相づち〟だって男の武器になる!

「なるほど」「わかった」「そうか」

これは男の3大相づちといわれるものですが、これでは女性も話しがいがないでしょう。

家庭でこんな話し方をしたら、奥さんが怒ってしまいます。男たちは論理的に話すのは得意ですが、だらだらした話に相づちを打つのは苦手です。

そこで適当な返事になってしまうのですが、女性はくだらない話でも、熱心に聞いてくれる男性に好意を寄せるのです。

相づちとは、話をうながす言葉です。「なるほど」とか「そうか」では、自分が納得しているだけで、相手の話を引き出す受け答えになっていません。

そこで、**女性の話に対しては「それで？」「本当？」とか、「まさか⁉」といった応答語を多用すると、話が盛り上がる**のです。

マンガや女性誌を見ると、「きゃあ！」だとか「ええっ！」といった言葉がいっぱい出ています。彼女たちにとって、それらの言葉は〝感動語〟なのです。

ということは、ただ相づちを打つだけでなく、表情や身ぶり手ぶりを含めて彼女の話に聞き入るほうが、はるかに喜ばれます。

流行に敏感な10代女性とお茶を飲みながら、30分間話をつづけられたら、どんな女性の心もつかめます。

相づちだけでなく、最近の話題や女性誌などの知識がなければ、とてもそんな長時間、一緒にいられるものではないからです。

16 一度、〝共通点〟を見つけた男女は……

人間はだれでも味方がほしいもので、ほんの少しでも趣味が合ったり考え方が一致したりすると、たちまち意気投合することがあります。

これは類似性の法則といって、男女の間でも、好意を抱く大きなきっかけになるものです。

同じミュージシャンのＣＤを集めていれば、間違いなく好意をもちますし、同じ映画を偶然、同じ日に見たというだけで、恋人同士にもなってしまうのです。

そこでお昼にラーメン屋に入ったとき、「きみは何にする？」と聞いて、みそラーメンといえば「じゃオレも」と同じ品を注文するのです。これで、まず、ちょっぴり彼女の胸に、あなたとの一体感が芽生えます。

そして、次に好きなものを聞いていくのです。読んでいる本を聞いてもいいでしょうし、テレビ番組でもかまいません。

もちろん、それらを読んだり見たりしていれば、「あら、似ているのね」と、彼女は親しみを表わすでしょうが、もし、まだでも、落胆することはありません。

数日たってから、「あの本読んだよ。おもしろかった」といえば、彼女は一気に好意を深めてくれます。

つまり、**①趣味が合う、②育ち方が似ている、③同じ人のファン、④敵と思う人が同じ、⑤考え方が一致している——とわかったときに、あっという間に心理的距離が縮まる**のです。

親元を離れて上京、同じミュージシャンのファン、社内で嫌いな人が一致……など、どれもこれもぴったりだったら、彼女から飛び込んでくるでしょう。

女性とうまくやっていくには、これらの共通点を、1つでも2つでも見つけていくこと。どうしてもなければ、あなたが共通点をつくり出すのです。

それだけで、口説ける確率は一気に広がります。

17 〝口説くキーワード〟は、こうして探せ！

だれでも同郷とか、同じ学校を卒業したとなれば、グッと親近感を増すものです。ことに男女の仲は不思議なもので、**ひとつ共通点があるだけで、会って1時間もたたないうちに、恋人のような気持ちになることさえあります。**

下手な男は、女性に住んでいる場所を聞いてから〝あっ、ぼくもそっちだから送っていこう〟などと、みえみえの下心を見せるので、一発で断られてしまうのです。

女の達人になるには、まず会話のなかから情報を選別し、それを頭にインプットしておかなければなりません。

たとえば、彼女がどんな生活をしているのか――何も彼女に、面と向かって聞かなくてもいいのです。

カマをかける手もあります。

「今日は早く帰れよ、お父さんが心配するぞ」

といってみるのです。

彼女の答えは、①この時間だったら父は帰っていない、②ひとり暮らしだ、③叱られてしまう、というように分かれるでしょう。

これで家庭環境が見抜けると同時に、共通点がわかります。そこで彼女は、急速に親しみを感じてくれるでしょう。これが達人のテクニックです。

18 「いつも見ていてほしい」のが女のホンネ

女性はどんな小さな事柄でも、**自分に関することを覚えてくれている男性**に親しみを感じるものです。

たとえば、

「去年は寒くなりかけのころに風邪をひいたんだから、今年は気をつけろよ」

といったとします。たったそれだけで、「この人は、わたしのことを心配してくれているんだわ」と、涙が出るほどうれしくなるのです。

そこで気になる女性については、ふだんから手帳にメモをしておくといいでしょう。

〝ショートヘア〟〝紺が似合う〟など、何でもかまいません。

そして、しばらくしてから、

「この間より髪の毛伸ばしたのかな？」

とか、

「この前は濃紺のセーターが似合っていたけど、今日の茶も素敵だね」

と、やるのです。

きみのことが気になるんだ、ということを示せば、それだけで彼女は味方になってくれるのです。

わたしは手相と人相学をマスターしていますが、これも、

「前より顔がグッとよくなっているね」

などと、以前と比べることで、女性をうれしがらせることができるのです。

誕生日を記憶しておくとよい、といわれますが、これは親しくなったあとです。

それよりも、**あなただけが感じたこと、心配していることを覚えておく。**

それが彼女の気持ちを、あなたに傾けさせるのです。

19 女にウケる、こんな〝B級話材〟

男同士なら政治や経済の話からスタートすれば、とりあえず座がもちますが、女性と話すとなると、どんな話題をもち出せばいいのか迷うものです。

こんなとき、わたしなら**「目玉焼きをどう食べるか」などという、身近な話材**をしゃべるでしょう。

なぜ、こんなテーマがいいかというと、

①テーマが女性向き
②十人十色《といろ》の食べ方がある
③相手についての知識を互いに得られる
④ときに笑いが起こる

こういうメリットがあるからです。たとえば目玉焼きにしょうゆをかけるか、ソースか塩かで、まず話が盛り上がります。

また黄身から食べるか白身からかでも、2派に分かれるでしょう。

トイレで先に手を洗うかどうか、でも笑いの渦になることがあります。

書店に入ったとき、雑誌売り場に行くか、ベストセラー売り場か文庫本売り場かでも、同じように一人ひとりの癖が出てきます。

こういう話をしていると、必ず周りも集まってくるもので、無口な女性も参加しやすい話題だけに、大変ウケるのです。

これをわたしは、**B級話材**と呼んでいますが、A級話材（政治、経済など）やC級話材（他人のウワサと悪口）に比べると非常に健康的で、女性の性格や家庭環境なども会話のなかから読みとれるのです。

近ごろはテレビのクイズ番組が多くなったので、クイズ形式の話題を出す男たちもいるようですが、これは自分だけ知ったかぶりをすることになるので、あまりすすめられません。

いずれにせよ女性に好かれるには、まず親しみをもたせなければ不可能です。

相手を無視して自分が主役になったのでは、女性のほうから逃げていってしまうでしょう。

20 困ったときの〝カキクケコ話題〟

「森にいるとき海の話をするな」とは、女性との会話術の心得でもあります。そのときの雰囲気にそぐわない話題では、女性に嫌われてしまいます。

よく飲み屋に行って説教する男がいますが、家でも妻に愛想をつかされているかもしれません。とくに食べている最中に、堅い話と暗い話は絶対やめましょう。

次に、**「女がつくったものを粗末に扱ってはならない」**という法則があります。

子どもは女性が10カ月かけてつくった宝物だけに、「うちのガキは」などといってはいけません。「ガキ」という男は１００％嫌われます。料理、生け花、アイロンがけなども、時間を費やしたものだけに、けなしてはいけないのです。

ワイシャツが少しシワになっていても、喜んで着るぐらいでなくてはダメです。

会社でも、女性がつくってくれたものがあれば、まず感謝の言葉からスタートしましょう。

第三に、**つねに彼女が知っている話題を出す**こと。そのためには「カキクケコ」話題を知っておくといいでしょう。

①**カ**＝買い物の話題。いま売れている商品の話でもよい
②**キ**＝きれいな話題。美容、ダイエットなど
③**ク**＝クッキングの話題。レストラン情報は最高
④**ケ**＝結婚の話題。タレントのウワサ話も集めておくと◎
⑤**コ**＝子どもの話題。受験やいじめの話も関心事

これらの話題を出すだけで場が盛り上がることになるので、たまには女性誌をのぞいてみるとよいかもしれません。

そして四番目は、**女性の情緒不安定をとり除き、安心させること。**彼女が自分に必要な人間であることを強調するといいでしょう。

「愛している」という言葉が重要なのは、それが不安を吹き払うからなのです。

そこで、

「きみがいてくれて、ぼくは幸せだよ」

という言葉が最高の殺し文句になるのです。

21 男は「見た目」に興奮し、女は「声」に興奮する

わたしの友人に、電話で口説いて百発百中の男がいます。面と向かって話す声より、電話を通した声のほうがセクシーなのです。

彼は最初、そういう声の特徴などまったく気がつかなかったのですが、あるとき、「あなたの電話の声で、わたし興奮しちゃった」

と女性にいわれて、はじめて自分の武器を知ったというのです。

彼の声は低音ですが、よく通ります。しかも、それでささやくのですから、たしかに女性には甘く響くでしょう。

それからというもの、彼は片っぱしから電話で口説きはじめたのです。これが「はずれクジなし」という大戦果で、いまや、わたしをしのぐ実戦の大家《たいか》です。

これはポルノ映画にも当てはまります。**男は映像で興奮しますが、女性は目をつぶって、声を聞いてるほうが興奮しやすい**ものです。

だから一緒に見るときは「きみは声だけ聞いていろよ」と、肩を抱いてやると、もう途中で絶頂に達する女性もいるほどです。

そこで、あなたはデートのとき、声を話題にしてみてください。

「きみはタレントのだれの声が好き?」

こう聞けば必ず彼女は、喜々として話し出すはずです。

そして最後に〝あなたの声も好きよ〟といえば、OKの印ととっていいでしょう。

あなたの声のことを一言もいわないようなら、早めに乗り換えること。

女性は、たとえば、キスのとき目をつぶりますが、頭のなかでは、好きなタレントの顔や声を思い浮かべていることがあります。そこに、あなたの像が重ならなければ失格です。

22 彼女をドキッとさせる3つの〝身ぶり手ぶり〟

あなたの身ぶり手ぶりは、大きいでしょうか? たとえば、職場で女性社員に伝え

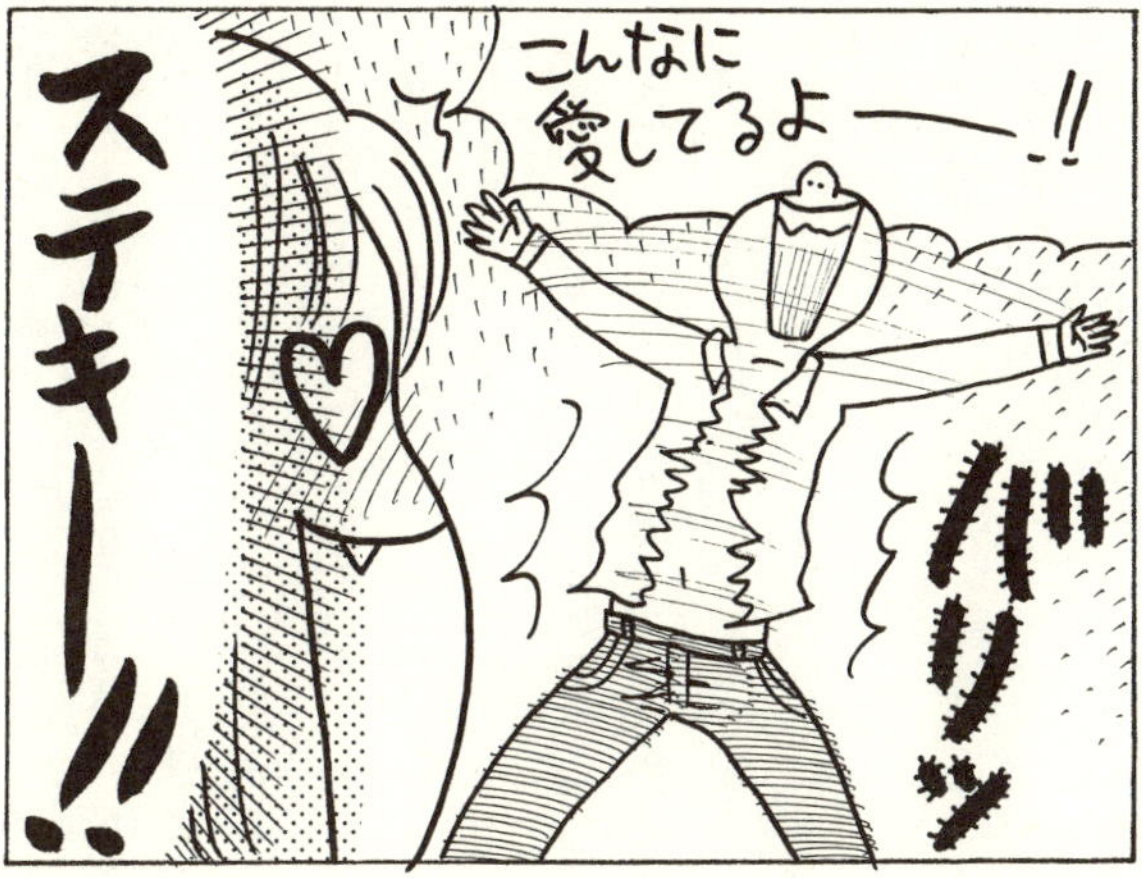

るとき、ただ言葉でいっているだけでは、半分も理解されないでしょう。

口で意思を伝えようとする男はアナログ活字人間であり、身ぶり手ぶりを大げさにする男はデジタル音楽人間なのです。

女を口説くときも、

「真剣に愛しているよ」

などとまじめな顔をしても、近ごろの女性のなかにはゲラゲラ笑い出す不届き者さえいます。

それよりは、

「こんなに愛しているよ」

と、両手を大きく広げるジェスチャーのほうが喜ばれるはずです。そのまま彼女を抱くことだってできますし、動きが伴うだけトクなのです。

欧米人と日本人の決定的な差は、彼らは肩幅より大きく手を広げるのに対し、わたしたちは肩幅内で小さく動かすだけという点です。

しかし、会議などでただボソボソと話すくらいなら、むしろ両手を目の高さまでも ち上げて説明する。これだけで、自信があるように見えてきます。

女性たちのなかには、

「お先に失礼します」

といいながら、手でバイバイのしぐさをする人がいます。

実は、この手の振り方を小さく何げなくする女性は、間違いなく口説けます。

これに応えるには、男たちも手を上げてやるべきなのです。

そこで、次の3つの動作を日常に加えましょう。

①立ち止まる

②手を振る

③駆け出す

歩いているとき、突然立ち止まるのです。これで彼女はドキッとするでしょう。

また、道で知り合いの女性に出会ったら、必ず「やあ」と手を振ること。遠ければ駆け出して近づくことです。

これだけで好意が2倍にも3倍にもふくらむのです。

当然、彼女の好意も一気に数倍になるでしょう。

23 「変わりやすい女性心理」をどう読む？

女性はなぜ突然、機嫌がよくなったり悪くなったりするのか、男にとって不可思議きわまりない動物です。

しかし、女性とつき合うには、この〝秋の空〟的な女心を知っていなければなりません。

食事を楽しく終えて外に出たら、突然、無口になってしまった。こういう彼女もいます。映画を見終わったとたん、急に不機嫌になる女性もいます。

男には何がなんだかよくわからない心境の変化なので、口ゲンカになって別れてしまう――そんなもったいないカップルもいるものです。

では、なぜそうなるのか？

ヒロイン願望が十分に満たされないからなのです。

フレンチをあなたと一緒に食べる。それはヒロインへの第一歩です。

そのとき、あなたはヒロインに対して、それにふさわしい態度をとりましたか？

その場に適した話ができなかったり、声高に笑ったり、あげくの果てに、満員電車でひとりで帰らせたり。これでは彼女が幻滅するのもムリはありません。

映画でも、劇中のヒロインになり切っている彼女の隣で、いびきをかいて寝ていれば、どうなるかはおわかりでしょう。

逆にいえば、**彼女をヒロインにする行動を起こせば、女心は、急速にあなたに傾く**のです。

食事の帰りに花を買う、アクセサリーをプレゼントする。

あるいは〝騎士〟として彼女をしっかり送り届ける――。

こういう夢を、次から次へと与えつづけていくことで、〝ヒロイン願望〟を満たしてやるのです。

24 食事の誘い――女を最高に喜ばせる心理トリック

ときどき、「お金がなくてもモテますか？」と質問されることがあります。

基本的には、お金があったほうがトクなことは確かです。見合い条件でも、女性は年収などを非常に気にします。女は元来、ぜいたくさせてくれる男に接近するものではあります。

しかし、**女にも2種類いる**ことを知っておいてください。

「ぜいたく派」と**「素朴派」**、あるいは「怠け派」と「築き上げ派」といってもいいでしょう。

要するに、東大出で高給といったことより、

「いつか2人で店をもちたいね」

などという「夢の話」に惹かれていく女性も多いのです。

また、金があればいいかというと、そうではありません。

とくに女性は「ケチな男」を嫌います。だからデート中に領収書をもらったりするのは、愚の骨頂です。自分という女の価値が、領収書1枚に含まれたということに幻滅するのです。

だから、ラーメン1杯でもかまわないのです。

その代わり、もし女性が白いワンピースを着ていたら、

「この次は、あのラーメン屋に行ってみよう」

などと誘うことです。

白いワンピースにラーメンの汁などついては、女性にとっては一大事です。次回の約束なら、その日はジーンズで来られます。

モテる男とは、そういう女性の心理をくみ取れる男か否か、ということなのです。

逆にジーンズ姿の晩に「フレンチを食べに行こう」といい出すような男に、女性は絶対についてきません。

女性は〝主役になりたい〟ものなのです。〝オレが、オレが〟で自分が主役になろうとしたのでは、不快感をもたれるだけです。

「今日、何を食べたい？」

と聞くのと、

「今日はトンカツを食べに行こう」

では、大きく違います。

もし、どうしてもトンカツが食べたいなら、

「今日はトンカツを食べたい気分なんだけど、きみはどう？」

こう優しく聞くこと。この一言の気配りが、確実にあなたをモテる男に大変身させるのです。

25 簡単に、確実に、あなたの価値を高める法

ちょっと高度な心理学になりますが、女性には〝価値欲求〟という気持ちがあります。わかりやすくいえば、自分の好きな男に、他人にない価値を見いだし、満足したいという心理です。

「わたしの彼って外科医なの」——女優のお相手に医者が多いのが、この欲求の表わ

れです。

しかし、普通のサラリーマンでは、職業、別荘、車などの価値は、残念ながらありません。

そこで、**自分なりの価値をつくって彼女に売り込む**のです。**彼女が見栄を張れる価値なら最高です。**

彼女の誕生日だけは、最高級のフレンチを2人で食べに行く。帰りはレンタカーでいいからBMWでドライブする——こういう演出なら、彼女は翌日、友達に堂々としゃべれます。

あるいは美術館へ行って、ゴッホの絵を解説してやる。一夜漬けでもかまいません。もっと身近では、電車でお年寄りに席を譲ってもいいのです。

「あなたって教養があって、それにとても親切なのね」

こう彼女がいってくれれば、もうOKです。

さらに、よりテクニックを使ったものに、あなたの友達を巻き込んで、あなたの価値を高める方法があります。

「この男はオレのところに来て、あなたの自慢ばかりしていますよ」

この一言を彼女の前でいわせるのです。

〝自分を特別に愛してくれている〟という価値を認めたら、彼女の心はあなたのものです。これこそ〝価値を高める〟テクニックといえるでしょう。

26 ときには、「わかっていても、わからないフリ」

昔、ある雑誌が〝男は何にも、女の気持ちがわかっていない〟という特集号を出しました。さっそく丹念に研究してみましたが、結論からいうと、**〝わかっていても口に出さない男〟**が女性にとって最高のようです。

生理中の女性にわざわざ、

「今日は具合悪そうだからデートやめようか」

などと口にするのは言語道断だというのです。

たしかに近ごろの男たちは優しくなり、自称女性評論家が増えたせいか、いかにも〝きみを理解している〟ふうを見せたがります。

しかし、女の達人になるなら、**わかっていても、わからないフリをしてやることが大事**なのです。ストッキングが破れているのに気がついても、知らんぷりをしてやるほうがいい場合があるのです。

たとえば、ムリにキスしてしまった。怒った顔をしている彼女に〝ごめんね〟と謝るのは間違いです。

怒っていることに気づいても、そこでわびては、彼女はあなたを許せなくなってしまうかもしれません。

それより、家に帰る途中に、メールで〝ごめん。愛している〟と送れば、逆に最高の迫り方になります。

デートではその日のうちに、全部を仕上げようと焦ってはいけません。わかっていても、あとで考える問題をひとつだけ女性に残すのです。

女性はそれを一生懸命考え、次のデートでは体を任せるかもしれないのです。

4章

《場面別》「きっかけ」はこうしてつかめ!

――怖いくらい効く「話の運び方」

1 喫茶店——彼女の「動き」をまねてみる

見知らぬ女性とすれ違ったとき、こちらが振り向いたら、向こうも振り返っていた、という経験はありませんか。

こんなときは、互いに偶然性に驚いているわけですから、声をかけるチャンスなのです。

これを応用して、**彼女がハンカチを出すとき、こちらも出す、コーヒーのカップに手がかかったら、こちらもカップに手を伸ばすようにする。**それであっという間に親密になれるのです。

男同士でも、上司が吸っているたばこと同じ銘柄のものを買っていると、不思議とその上司に、目をかけられるようになるものです。

男と女でも同じで、似たような動作をすると、兄妹のような親しみを覚えて、親愛関係ができることになります。いまの女性は、兄や弟をもたないひとりっ子が多いだ

けに、ちょっとした同化と模倣で、向こうから親しさを表わしてきます。

たとえば、上司がガミガミ怒ったとき、ちょっと彼女の目を見るだけで、

〝またはじまったね〟

という意思表示をすることができます。

会議で説教がはじまったときは、

〝今日も長いぞ〟

と紙に書いて隣の女性に渡せば、彼女も
〝わたしもそう思う〟と書くでしょう。

これも同化サインなのです。

ともかく、一卵性双生児のように似た考え、似た動作を繰り返すと、その女性はあなたに好意を抱くはず。そのために、ふだんから好みと癖を覚えておくことです。

2 オフィス——帰りぎわに、この「しぐさ」をするだけで……

初対面の女性と別れたとき、わたしたちはどういう印象をもつでしょうか。

たぶん、頭のいい女性だとか、笑顔がかわいかったというように、**ひとつの印象**だけが強烈に残るものです。

悪い印象でも、品がないとか、しゃべりすぎるというように、とくに際立ったもので判断するのが普通です。

そうだとしたら、反対に女性に対して、**ひとつだけいいイメージを残す工夫**が必要でしょう。

たとえば、あなたの爪はきれいですか。

いつも手入れしてある爪は、驚くほど好印象を与えますが、伸びていたり爪の間に黒いゴミが入っていたりするようでは、最悪の印象を残してしまいます。

女性は〝**触覚動物**〟で、男の指が自分の体に侵入することを、本能的に知っています。だからこそ、指の美しい男をセクシーだと思うのです。

反対に指や爪が不潔な男は、だれからもイヤがられます。それが性器に入り込むかと思うだけで、トリ肌が立ってしまうからです。

同時に女性は〝**視覚動物**〟でもあります。清潔な指を残像として残すために、仕事の資料を女性社員の机に置くなどして、指に注目させるのです。

あるいは、帰りがけにポケットからハンカチを出して、手や顔をふくそぶりを見せてもいいでしょう。

つまらない演出と思うでしょうが、このとき真っ白のハンカチであれば、それがプラスの残像となるのです。

清潔さでは鼻毛やフケも気をつけましょう。

仕事の場面では、帰りぎわに怒ったり、執念深くしたりしては、絶対に損です。そういうことは午前中の仕事で、夕方にはあっさりと思いやりを示すことが、女性を喜ばせるのです。

3 雨の日――「雨に濡れた男」に女は弱い!?

「雨の日、風の日、訪問日和《びより》」という教訓を知っているでしょうか。

だれでも出かけるのをイヤがる天候の日に訪ねれば、競争相手が来ていないので必ず歓待されるという極意ですが、これはとくに女性を相手にする場合、有効です。

たとえば会社で、営業先から雨に濡れて帰ってきたとしましょう。

すると同じ職場の女性社員は、「まあ、こんなに濡れてしまって」と、間違いなくタオルで洋服をふいてくれるでしょう。それだけで、彼女と仲よくなれるのです。

恋は水辺に咲くといわれるように、**女性と水は切っても切れない関係**にあります。

海岸や湖畔は、女性がもっとも好む場所でもあります。

それだけではありません。女性は、雨の日に2人で歩くのも大好きです。

あなたはかばんのなかに、折りたたみの傘を入れているでしょうか?

わたしにいわせれば、これはとっておきのコミュニケーションツールなのです。会社からの帰り道、突然の夕立に遭ったとき、この1本の傘が女性の心をつかむ大きな役割を果たすことになります。

水、雨、海などが女性を揺り動かす理由は、男より体の水分が10％多い体質による、と説明されていますが、たしかにその性質上、火のように激しい男性に惹かれるところもあります。

優しさと同時に、積極的に出ることを忘れてはなりません。

4 2人の夜――女が「ノー」といえなくなる〝場所〟がある

近ごろの女性は、いつもキャッキャッとふざけたり、ゲラゲラ笑っています。それをカン違いして、ロマンチックなムードはいらない、と思っている男が多くなりました。

口説くときも「明るく」「積極的に」「大胆に」の、一本攻撃です。しかし、これでうまくいく確率は、20％以下でしょう。

なぜ女性は、明るく振る舞っているのか。

セックスの面から考えると、**自分がみじめな気持ちになりたくないから**なのです。間違って寝てしまった場合でも、ホテルが豪華だったからとか、彼が優しかったからと、せめてそう思うことで、女性は自分を慰めたいのです。

だからこそ、レイプやそれに近い暴力を最低のものとして男を軽べつするわけで、なるべく女性を傷つけない配慮が、彼女を明るい気持ちにさせるのです。

たとえば、万年床の部屋で口説かれたら、女性はかたくなに拒むでしょう。マンガ雑誌が散らばっている部屋でも、イヤなのです。壁にヌード写真が貼ってある寝室など、下の下です。

女性が月の光と雪を好む理由がわかりますか?

双方とも、汚さを隠してくれるからなのです。

こういうロマンチックな感性をもっていることを知れば、そこが突破口になることが、すぐわかるでしょう。桜の木陰、夜のスキー場、ホテルの最上階からの夜景――いずれも女性をその気にさせるお膳立てです。

ムードに浸らせる。これが女を〝その気〟にさせるいちばんの方法なのです。

5 勝ち気な女性——ギリギリまで、じらしてみる

女性に対してだったら、だれにでも男らしくすればいいかというと、そうでもありません。一見、情けないように見える男に同情が集まることもあるのです。

〝この男は、わたしがいなかったらダメなんだわ〟と思わせたら、しめたものです。

男女の仲は、のらりくらりしているほうが長つづきするもので、女心がわからない男ほど決断が速く、性急にコトを運ぼうとして、仕損じるものです。

女からほれさせる最高の技術は、**じらす**ことです。

〝好きだよ〟といっても、なかなか〝愛している〟とはいわない。キスはしても、最後まではいかない。

こういう男には、女性はだんだんじらされて、「もうどうなってもいいわ」という気持ちになるものです。

ことに勝ち気な女性は、この手にコロリと参ってしまいます。男から見ると、どう

しようもない夫に尽くす世話女房が、このタイプです。

要は女の胸についた火をチョロチョロと燃えつづけさせるのです。女性はイライラして頭が変になり〝いじわる！〟と叫ぶことでしょう。これこそ男の快楽です。だらしない男を演出するテクニックを使いこなしてみてください。

6 年上の女性――〝その気〟にさせるこの一言

身分にせよ、知性にせよ、財力にせよ、女でも上位にある人間は、余裕をもっているものです。この種の女性をモノにするのがうまいのが、ホストです。

何しろ徹底的にへりくだって彼女の思いのままに動く、それでいて最後に一緒にホテルに行くという段階になると、理由をつけて断る。女のほうは、そこでカーッとなって金で横面を引っぱたくのです。

このとき男にとっての武器は〝若さ〟です。セレブな主婦でも、夫の愛に飢えていたりすれば、若い男の**〝かわいい〟しぐさ**で簡単に口説くことができます。

　成功のポイントは〝**奴隷になるテクニック**〟です。

　たとえば、ホテルのレストランで食事をすることになったとします。第一のワザは、思いっ切りびっくりすることです。

「うわあ、すごい高級なところですね。ぼくなんかのマナーで大丈夫でしょうか？」

「大丈夫よ。わたしが教えてあげるから」

　このように〝教えてあげる〟という言葉が出てくれれば最高です。逆にいえば、

「それ、ぜひ教えてください」

と、何でもかまわないから、片っ端から教えを乞うのです。

　要は彼女の心のなかに、

「何てかわいいんでしょう」

と、あなたをペットのように思う感情がわき出るようにすることです。

これは会社の〝お局《つぼね》さま〟に対しても同じです。

仕事について「教えを乞う」という態度をとっていれば、少なくとも敵視されることはありません。仕事の邪魔にならない程度にやれば、好意をもって見られるはずです。

女性には**〝素敵〟という憧れ**と、**〝かわいい〟という母性**があります。あなたが下位の立場にあれば、〝憧れ〟という感情を抱かれることはまずありません。だからこそ、かわいいと思わせるテクニックだけで押していくのです。

着るものひとつでも、大人っぽい、地味なものでは絶対に損です。

7 プレゼント——彼女が確実に喜ぶものを見分ける法

贈り物でわかりますが、小さな品を喜ぶ女性は、指輪や時計、ちょっとした花束、小さな写真立てなどをほしがるものです。

反対に、大きな品物でないと、喜ばない女性もいるのです。大きなぬいぐるみ、抱え切れないバラの花束に歓喜の声をあげる。こういう女性は、赤ちゃんや子犬、子猫などのペットを抱きたがります。

はじめてつき合うときは、彼女がどちらのタイプかを知る必要があります。

一般に、**小さい品物を喜ぶ女性は大人**です。控えめといっていいでしょう。ですから、うれしさをすぐ行動に表わすことは、めったにありません。

一方、**ぬいぐるみ派の女性は子どもっぽさを残している**だけに、うれしいときは男にかじりついてきます。

この種の女性は、ひとりっ子か末っ子に多く、甘えん坊です。抱くものに飢えているということは、自分も抱かれたいのです。

「このぬいぐるみをぼくだと思って、毎晩、抱きしめてほしいな」

などといおうものなら、〝イヤラシイ〟といいながら大喜びです。ただし、あなたもぬいぐるみのひとつですから、飽きられたらポイと捨てられるかもしれません。

その点、小さい品物派は少々金もかかりますが、じっくり愛を育てていくのに適したタイプです。

「贈り物」と「その反応」で、女性の性格は簡単に見抜けるのです。

8 贈る場面——その場で買ってすぐ渡す効果

名字より名前を呼ぶほうが、親しくなるのは当然です。しかし、突然、彼女の名前を呼んだら警戒されるのがオチです。その前段階として、いくつかの行動をするのが巧妙なやり方なのです。

たとえば、プレゼントを渡すのは、いつがいいか？　別れぎわに渡したら、家に帰ってから感激するでしょうが、その場で抱きついてはくれません。かといって、喫茶店で向き合ったときに渡しても、口では喜びますが、体で示すことはできないでしょう。

急速に接近したいときは、その場で買って渡すのがベストです。それも、**ショーケースに入っている小さな商品を選ぶ**のが、達人の秘法なのです。

なぜ、そうするかって？

もちろん、**彼女と顔を寄せ合うため**です。

ケースのなかの時計やアクセサリーなどを選ぶときは、いやおうなく顔がくっつくでしょう。

「きみはどれがいい」

「わたし、これが素敵だと思う」

こういう会話のときは、ほとんど頬がくっついて、お互いの息づかいまで感じるはずです。もちろん、手を握り合えます。セーターやスカーフなどの大きな品では、手も顔もくっつかないので、意味がありません。

下手な男は、プレゼントに意義があるとカン違いし、達人はプレゼントする場面を重要視するのです。

9 別れぎわ——「今夜は帰りたくない」と思わせる心理術

女性とキスをするときは、壁ぎわに押しつけてせよ、という名言があります。

「壁があったので、逃げられなかった」という言い訳を、女性にさせるためです。

女性はそういう言い訳をいいたくてウズウズしているのですが、未熟な男には、それが見えないのです。**避けられない、逃げられない状況に精神的に追い込むことが大事**なのです。

たとえば、レストランで、真ん中に席を取ったらどうでしょう。恋愛感情がわくでしょうか。答えはノーです。

反対に、窓ぎわの席に座るだけで「ああ、わたし、この人の恋人になったみたい」となるのです。精神的に〝恋人〟にさせられたことに、彼女はうっとりするわけです。

また、対面式の席より、横に2人並んだほうが、彼女に触れやすくなります。肩やヒザにさわっても、「逃げられなかった」と言い訳しやすいのです。

女の達人は、このようにデート相手の女性を心理的に追いつめていきます。

逆に**モテそうでモテない男は、女性に「言い訳」のチャンスを与えない**のです。

最後に、バーにせよレストランにせよ、帰りは階段を下りる店を選べば、彼女に腕を貸せるでしょう。腕を組めば、女性は、一層逃げられなくなるはずです。もっとすごいテクニックがあります。

「ぼくの書類預かってくれる？　酔って忘れちゃうとまずいから」

こう女性にいうのです。

それでもう彼女はあなたのもの。〝このかばんをもってひとりで帰るわけにいかない〟という心理が生まれるからです。これで今夜は成功疑いなしです。

10 飲み会――彼女が眼鏡をかけていたら、こんなワザを使え！

眼鏡をかけている女性は、それを外したときの顔を見られるのを絶対にイヤがります。だから、女性の眼鏡を外そうと考えてはなりません。

せっかく男に好感をもたれたのに、外した顔で幻滅されたらショック。

それにもかかわらず眼鏡を外せるときとは、ずばり〝エッチのとき〟だと確信していいでしょう。

こんなことを頭に置きながら、さらに高等な心理テクニックを使うこともできます。

暗い飲み屋などで、もしあなたが眼鏡をかけていたなら、それを交換してみるのです。

「きみの眼鏡をかけたら、ぼくも少しは知的に見えるかな」

などと冗談めかして、借りるのです。外させるのではなく、あくまで「借りる」ことです。その代わり、彼女には自分の眼鏡をかけさせるのです。

女性は意外や意外、男の眼鏡をかけてみたがるものです。

男のスーツの上着を着て、

「うわーっ、だぶだぶだわ」

といってみたいのと同じです。

コート、セーター、帽子なども同じです。何気なく男のものを着てみて無邪気に喜ぶのは、心の底にその男との同化作用が働いていると見て間違いありません。

眼鏡にしても、これと同様です。

「うわっ、大きい！　鼻の下まできちゃう」

もし、このようなせりふを口に出すとすれば、すでに彼女はあなたにグッと接近しているはずなのです。

サングラスをかけさせてみる、というのもひとつのテクニックです。

どんなに知的な女性でも、心のどこかに**変身願望**をもっています。近寄りがたい一面をもっている女性でも、その願望に火をつけるだけで、自ら進んで演技をし、男が入り込みやすいスキができることがあります。

女とは、つねに〝変身したい〟動物。これは知っておいて損はありません。

11 合コン——3人1組で女を落とすテクニック

ホストクラブで、女性客が大金を貢ぐ話をよく耳にします。

そんなに、ホストはモテるのでしょうか。

たしかにホストのサービスは徹底しています。愛情と優しさに飢えている女性客なら、たちまち舞い上がってしまうかもしれません。

しかし、彼らの最大のテクニックは、最後の最後まで、女性と寝ないことです。一見、金さえ積めばベッドを共にしてくれそうな彼らですが、そうはしないのです。

ダンスをしても、下半身を女の下腹部にぴったり当てるようにして、ステップを踏みます。頬もぴったり密着しながら、それ以上は踏み込まないのです。

女を夢中にさせる秘訣はここです。

ギリギリの線でじらす、あるいは**自己抑制しているように見せる**――そこに女性は大金を貢ぐほどの魅力を感じるのでしょう。

そのうえ、彼らは2人か3人で組んで、女性客を翻弄していくのです。

たとえば、Aというホストを好きな女性客がいると、Bがわざと邪魔をする、Cがそれを応援するという陣形を組みます。そこでAが、その女性客をしっかり抱きとめるというパターン。

あるいは、Aがいかに優しく、それでいて男らしいか、というつくり話をBとCが交互にするパターン。

いずれにせよ、自分ひとりでモテる男になるのではなく、何人かで演出していく方法なのです。もし、あなたがひとりでモテる自信がなければ、合コンなどではこの手をおすすめします。

わたしも以前から銀座では、友人とこの手を使って遊んでいます。

ホストのだましのテクニックとワザを競うわけですが、こちらが勝ったときの喜びは、また格別です。ぜひ試してみてください。

5章

実践！エッチまでの会話術

——絶対「ノー」といわせないテクニック

1 ペアのチケット、〝デートより先〟を期待させる渡し方

ペアのチケットで会社のお目当ての女性をデートに誘いたい――あなたは、どんなふうに彼女を誘いますか？

封筒に手紙を入れて机の引き出しにそっと忍ばせる、彼女の友達に頼んで渡してもらう、人事部で彼女の住所をこっそり調べてもらって郵送する……方法はいくらでもあります。

しかし、彼女を誘うのに効果的なのは、やはり自ら直接、チケットを手渡すことでしょう。

問題は、**いつ渡すか**です。女性心理を考えると、**もっとも気楽になっているときに渡すのが得策です**。それは、いつでしょうか？

朝は仕事のスタートですから、これはムリ。夕方はよさそうに見えますが、もっとも忙しい時間です。

正解は昼休みか、午後いちばん、あるいは退出時です。この時間帯はプライベートな話題を振りやすく、話しかけてもイヤがられません。

では、どこで渡すべきでしょう？

避けるべき場所は、突然、社内の人間が現われる場所です。トイレの近くや会議室のドア近くなどは、いつ内部から人が出てくるかわからないので、女性のほうもそわそわします。

もっともいいのは、**ちょうど時間をもて余しているとき**です。

たとえば、ファックスを送っているとき、コピーをとっているとき。こういうときは機械が動いている間、だれでも手持ちぶさたになります。

また、来客を見送ったあとで、玄関に入るまでの一瞬。こんなときは彼女の心にも空白が訪れます。

こんなときを狙って、思い切り近づくことです。コソコソ渡してはなりません。堂々と渡すのです。

さらにチケットをそのまま渡すのも、小さな封筒に入れるのも失格です。だれが見てもビジネス文書を渡していると思うように、大きめの封筒を使うのがコツです。

「そこまで隠さなくても」と思うでしょうか？

もちろん、そうしなければ迷惑だ、ということはありません。それでもこんな方法を使うのは、あなたの心遣いに必ず彼女が好意をもつからです。

好きだからチケットを受け取る、嫌いだからチケットを受け取らない、ではありません。

彼女の立場を考えた渡し方をすることで、同時に彼女の興味も獲得してしまうのです。ここがわかれば、女性を誘うことなど簡単です。

では、何といって誘いましょう。

「来週の金曜日の夜、空いていますか？」

こんな言い方ほどバカげた誘い文句はありません。彼女にとって問題なのは、予定を空けるかどうか。こんなあいまいな質問を社内でやっていたりしたら、それこそいい迷惑です。

「来週の金曜日の○○のチケットが手に入ったのですが、どうぞ使ってください」

こんなふうに、**まず相手の手にチケットを委ねてしまう**のです。それだけで、あなたはその場を離れてしまってもかまいません。

受け取ったら、今度は、彼女があなたに話しかける役目を負うことになります。〝どうぞ〟といわれても、〝ああそうですか〟と使うわけにはいかないからです。

返すか、それとも一緒に行くべきか、彼女のほうは迷うはずです。どちらにしろ、彼女は風下に立たされたことになるのです。

「こんなチケット……わたしは受け取れません！」

これだけ気をつかって渡したら、怒って切り口上で返してくる女性は、まずありえません。もしそんな女性だったら、あなたはつき合ってはいけない女を知ったのですから、ラッキーです。

もし、そのコンサートが彼女が行きたい種類のものであったら、必ずOKとなるに違いありません。だから前もって彼女の趣味は、よく勉強しておくことです。これなら断られても共通点ができることになります。

チケットで誘うことは、あくまでつき合うための〝まき餌《え》〟にすぎません。最初からそのように考えておくことです。

〝好意的な印象〟と〝共通の趣味〟が伝われば、相手に一歩近づくことになります。

これで次に声がかかったら、

「一緒に帰りませんか？」

といってみましょう。共通の秘密をもった女性は、必ず弱くなるのです。

2 合コンで、いい女を口説く〝まさかの裏ワザ〟

合コンなどで、こんな場合、あなたならどうやって本命の女性を口説きますか？

こちらは男のグループ5人、相手も女性のグループ5人。5人のなかでひとりだけ、ひときわ目をひく、かわいい女性がいる。あなたは当然、彼女に惹かれるが、ほかの4人も同じように彼女に注目している。

さあ、どうする。

勇気をもって声をかけてみますか？

よほどあなたに自信があれば別ですが、5対1という組み合わせのなかで、単純に彼女を口説き落とすのはむずかしいでしょう。

ここで考えられる方法は、実は3つあります。

①盛り上げ役になって場をにぎやかにする

②思い切って彼女を無視して、違う女性にアタックする

③知らんぷりして、彼女のバッグに一筆書いた名刺を入れておく

①の方法は、あなたがそういう役が得意なら有効です。ただ、ムッツリしている男は、まず無視されます。真っ先に5人のなかで脱落組になります。とはいえ、道化役が主役になることも、まずないでしょう。

ただし、ほかのなかで有力な相手が見つからなかったら印象には残ります。〝おこぼれちょうだい〟というチャンスも、あるかもしれません。

③の方法は、もう最後の最後の手段です。5人のなかで、この名刺の男はだれか、おそらく彼女はほとんど記憶していないでしょう。相手から連絡をしてくれるチャンスは、まずゼロと考えて間違いありません。

②の方法は、「まさか」でしょうか？

いいえ、これは試してみるに値する方法です。それも、あくまで本命を落とすうえでの戦略としてです。

実は、**いい女に限って、無視されるとカチンとくるもの**です。チヤホヤされることに慣れているので、屈辱感をもちやすいという心理。それを狙って別な女性にサービスするのです。

このときは、いちばんモテなそうな女性、というより、やや顔をうつむけ、恥ずかしそうにしているような女性に目をつけるべきです。

できるだけ早いうちからアタックしていきましょう。そうしないと、本命をあきらめた男たちが興味をもってきます。

下手な男は本命から順位を下げていきますが、女もそれくらいは心得ています。ただ、いい男だったらグラつくこともあるので要注意です。

最後にその日は、次回の約束を取りつけることを目標にしましょう。これで第一段階はクリアです。

さて、違う女性を誘い出したはいいのですが、ここからどうやって本命に到達したらよいのか。

これは、そんなにむずかしく考える必要はありません。モテない女性はうすうす気がついているはずです。自分は「利用されているだけ」なんだと。

しかし、重要なことは、彼女に対して限りなく親切にしてあげることです。男がとても優しければ、たいていの女性は利用したことを許すものです。

それなのに、

「この間、きみと一緒に来たあの娘の名前は何ていったっけ？　また、会えないかな？」

などと唐突にいったりしたら、もう最低の男です。本命の女性にも悪い評判が伝わると思って、間違いありません。

「本当はあの晩、わたしと一緒にいた○○が好きなんでしょう？」

「そんなことないよ。誤解だよ」

「いいのよ。ムリしなくても。今度会わせてあげるわよ。ただし、口説けなかったら、絶対に許さないわよ」

そんなにうまくいくわけない、と思うでしょう。でも、あなたが信頼できる男であれば、必ずこういう展開になります。

たいていの男は、恋愛で「身を退《ひ》く」といった芸当ができないものです。しかし、**女には自らを「悲劇のヒロイン」にしたがる願望がある**のです。

あくまでもその女性に誠意をもってつき合い、それでいて別な女性のところに心があるという場合、女性はすすんであなたの「本当の意思」のほうに力を貸してくれるのです。

こうなると、あとはあなたの腕次第。

ここで大切なポイントは、本命の女性に再会したとき、

「実はきみのほうが好きだったんだ」

などと、二股をかけていたようなことをいってはいけません。むしろ隠すことなくいきさつを話すことです。

どちらの女性にも友達を裏切るようなことは、決してさせてはいけません。

3 タクシーのなかでは、ちょっと大胆に迫れ！

女性とタクシーに乗るときに、胸がときめくことはありませんか？

わたしなどは、いくつになっても、こんなときはドキドキします。これは、2人っきりの時間をもてる数少ないチャンスだからです。

もちろん運転手はいます。しかし、運転手と後部座席の間に、盗難防止の仕切りがついている車もあります。

女性と2人で車を止めるときは、こんな車を探してみましょう。それだけで、彼女はこちらの意図を察するはずです。察して彼女が黙っていたら、これはもう相手も共犯者です。「イエス」のサインを黙認したとみてよいでしょう。

運転手を選ぶときも一考。できることなら、年配の運転手を選びたいものです。若い運転手などは、バックミラーでたまに目がかち合ってしまうことがあります。これは、最初からあやしいと思って2人の様子を観察しているのです。

しかし、これを利用して彼女を抱きしめてしまうこともできます。

「運転手さんが見ているから、もっとこっちに寄って」

などと彼女をそばに寄せて、その気にさせてしまうのです。

とはいえ、やはりそれなりの世界をつくるためには、いい運転手を選ぶ必要があるでしょう。なかには「お客さん、汚さないでよ」などと興ざめなことをいう人がいないとも限りません。

では、タクシーに乗るときは、女性が先でしょうか。男が先でしょうか。

これは簡単そうでむずかしい問題です。普通はレディーファーストで女性を先にしたほうが親切です。

しかし、先に奥に座らせてしまうと、右手で彼女を抱き寄せなくてはいけなくなります。左利きならそれでいいですが、右利きだと、ちょっとぎごちなくなります。

彼女が先に降りる場合なら、左側に座らせることもできます。ただし、車中で何もできなければ、着いたと同時に、彼女は〝はい、さよなら〟です。

まず、いちばん考えなくてはいけないことは、**あなたと彼女の間にバッグなどの荷物を置かない**ことです。

もし、彼女が自分との間に荷物を置いたら、

「ぼくがもっててあげるよ」

といいましょう。彼女が遠慮したら、それこそチャンスです。

「じゃあ、ここに置いておこう。ここならきみを忘れても、荷物は忘れない」

と、ドア側に置くのです。すると必然的に、彼女はあなたのほうにグッと接近することになります。

それで、

「わたしを忘れるなんて失礼ね」

とでもいってくれれば、しめたものです。

「忘れるわけないだろ」

とでもささやいて、手を握ればいいのです。あるいは、大胆に腕を回してもかまいません。

〝忘れないでね〟とは、彼女から誘いをかけているのも同然なのです。

いちばん奥に彼女が荷物を置いたときも、この方法は試してみるべきでしょう。あなたとしては、大切な荷物を預かったという重要な戦果をあげたことになるのです。

もっと巧妙な手段もあります。**彼女があとから乗るときに、手を貸す**のです。

そうすれば、女性は必ずあなたの手を握ります。そのまま手を握っていることもできますし、女性が車のなかに体を入れたときに、背もたれに腕を広げておけば、自然に彼女は抱かれる形になります。

彼女とさほどの仲ではないとしても、大声で拒否したりはしません。

「くすぐったい」

「運転手さんが見てるわよ」

とはいうけれど、成功の確率はとても高いのです。

4 車中で──「今このとき」が踏み込むチャンス!

前項では、タクシーのなかで「女性の手を握るまで」のテクニックを披露しました。

女性は、どう手を握られたら性的に興奮するのでしょうか。

手のひらと手のひらをしっかり握るだけでは、そこまでの感情はわき起こりません。

親指1本だけ握りしめてみる。中指をなでてみる。手のひらを両手でやわらかく覆ってみる。触れる、なでる、さするなど、その強弱のリズムも重要。これは体のほかの部分でも同様です。

このとき重要なことは、運転席から絶対に見えないようにすることです。この点は彼女の目を見ていると、バックミラーに注目していますから、すぐわかります。

運転手に見られることは恥ずかしくてイヤですが、そうでなければ、女はたいてい許してくれるものです。

とくに**アルコールがいくらかでも入っているときは、手を握ることによって性的な心理もグッと高まります。**

ただし、ここで上半身への愛撫、あるいはキスなどの行為は絶対に禁物です。彼女が拒むことは確実ですが、これはあなたを拒むというより、運転手の目を気にするのです。

では、どうするか。

上半身がだめなら〝**下半身に接触する**〟のです。

たとえば、まず彼女の手をこちらのヒザに乗せれば、いや応なしに彼女は男の下半身に触れることになります。そのままの状態でじっとしているだけで、彼女の性的感覚は異常に鋭くなるはずです。

逆に彼女のヒザにこちらの手を預けてしまってもかまいません。狭い車内での手の位置は、握った手はどちらかのヒザに置く以外に場所がないのですから、堂々と行なえます。

そして折を見て、手のひらにキスをすればいいのです。親指だけを軽くかんだり、逆にかませるといったテクニックもあります。

もうここまでくれば、あとは手と手、手と脚との戦いです。あなたの手の攻撃に、彼女の両脚、あるいはヒザの力がどこまで耐えられるか――。

ただし、あなたは決してその部分を目で見てはいけません。これは彼女に対する礼儀であり、男のエチケットでもあります。

さらに運転手がチラッとでも感づきそうになったら、必ず一度やめることです。そうすれば、彼女はあなたに絶対の信頼を寄せるでしょう。

さてそのあとは、どうするか――。実は、車中で許されるのはここまでです。忠告しておきますが、それ以上いこうなどと考えてはいけません。これは社会的なマナー

にも反する行為です。

この時点で女心を崩す心理操作に、あなたは勝利しているのです。今日はここまでと満足すべきでしょう。

車のなかとは、非常に特別な環境です。

①振動がつねに体に伝わっている
②発進と停止の繰り返しがある
③スピードに身を任せている
④密閉されている
⑤逃げられない状況にある

これを女性の側から考えると、次のような心理が起こります。

①何があっても仕方がない
②何かが起こってほしい
③スリルに身を任せたい

この心理は夜間になると倍加します。

もし、手を握るきっかけがつかめなくても、車が左右に曲がるときがチャンスになります。またはスピードが出ているときもチャンスです。こう考えると、手を握れないほうがおかしいとさえいえます。

さらに一度握った手は離してはなりません。なぜなら**〝手のひら〟は、彼女の興奮度を計るバロメーター**になるからです。

たとえば、さほど汗をかいていない女性であれば、興奮しにくいだけに、あまりムリに進まないほうが無難です。

逆に汗でびっしょりという女性であれば、一層、手のひらをもてあそんでしまってかまいません。

むしろ、それを彼女は喜ぶでしょう。

試しに片手で手を握りつつ、もう片方の腕で彼女の肩を抱くようにすれば、おそらく顔も体もあなたの胸に預けてくるはずです。もちろん、手はそのときも離してはなりません。

5　驚くほど自然な「ファーストキスへの導き方」

ファーストキスの場面は、どうやってチャンスをつくるものでしょう？
この場所の設定は重要です。
①自分の部屋に彼女を連れてくる
②暗い夜道、あるいは公園に連れていく
③ロマンチックな映画を見てムードをつくる
④しゃれたレストランでワインの酔いにうっとりさせる
⑤踊りに連れていく
⑥星空の海辺へドライブする
——この設定はすべて正解です。自分の部屋に入れてしまえば絶対にＯＫと見て間違いありませんし、暗い公園にまで彼女がついてくるなら、これも相手がその気になっている証拠でしょう。

とはいえ、さあキスしよう……などと、意気込んでいては、彼女が怖がってしまいます。

うっかり抱き寄せようとしたら、

「何かカン違いしてない？」

などと冷静にいわれて、いっぺんに興奮が冷めてしまう場合だってあります。

こうならないためには、女性の立場での手順をきちんとおさえることです。

まず**性的親密性を得るには、次の4つのステップを踏むこと**です。**①手から手への接触、②腕で肩へ触れる、③腕を腰へ回す、④口から口への接触。**

これを見てわかるように、キスの前には手を握っていなければなりませんし、腕で肩をそっと抱く動作を、1回でも終えていなければなりません。そのうえで腕で背中から腰のあたりを抱く動作を、歩いている最中に1回でもしておくこと。

この3つの動作ができて、はじめてキスを求めるのが許されることを、しっかり覚えておきましょう。

なぜか？

まず手を握る動作には、

「ぼくが進む道に一緒に連いてきてください」

「あなたのことは、ぼくが守っていきます」

という〝支える、守る、方角を示す〟の3つの指示が含まれています。

つづく、肩を抱くという動作は、

「一歩すすんでよろしいでしょうか」

というサインを送ることを意味するのです。

だからここで、彼女が黙って肩を寄せてきたら、

「そうしましょう」

と承諾したことになります。

ところが、そこで肩を寄せてこないときは、

「これ以上には進みたくありません」

というあいまいな態度をとったことになります。ここでムリに腰を抱こうとすれば、彼女の心は必ず離れていきます。

微妙な彼女のサインを、あなたは絶えず読み取っていかなければならないのです。男の腕が女の腰に回ってイヤがらないようなら、もう安心していいでしょう。腰は

性器のある部位であるだけに、ここに触れて逃げないということは、キス以上に進める可能性を示唆しています。

とにかく、ここまできて、はじめてあなたはキスに移れるのです。

6 女が〝すすんで体を開いていく〟テクニック

さてキスまでできたからといって、男女の仲は最後までいくとは限りません。

あなたはもちろん、それを望んでいるでしょうが、男と女の間には性について微妙な差が存在しています。

たとえばキスひとつとっても、口と口が接触したからといって女性が興奮するかといえば、答えはノーです。女性は性感帯が広いだけに、1カ所が接触したからといって突然乱れたりはしないものなのです。

だからこそ大切なのは、ほかの部位への接触です。

たとえば、**口と口の接触を第1段階**とすれば、**第2段階は手を彼女の首に巻きつけ**

て口と口の接触を図ることです。

では**第3段階**とは何でしょう。それは、**体全体の接触**です。互いに向き合って抱擁してはじめて、女性は生理的興奮を迎える準備が整ったことになるのです。

これも動作が長引けば長引くほど、繰り返しの動作が増せば増すほど、女性の興奮は大きくなるのです。

とはいえ、ここまでいっても女性の理性は消えていません。

〝口から口〟の次の動作は、

①手から頭
②手から体
③口から胸

という行動に移ります。

まず〝手から頭〟のポイントは髪の毛にあります。あるいは耳の後ろ、首筋でもいいでしょう。

女性に慣れていない男は、早く下の部位に手を伸ばしたがるものです。性感帯は下のほうにあるものと思い込んでいるのですが、これは間違いです。

もともと**唇という部位は、意思を伝達するための器官**です。だからこそ重要なのは、**〝好きだ〟〝愛している〟という表現を、キスするときも伝えること。**

これは声にしなくても唇の動きで表現できますが、いずれにしろエッチのときも重要なのは〝会話術〟だということを頭に入れておいてください。

さて、この段階を経て、あなたは手を駆使して彼女の体をさぐることになります。ここでようやく乳房に触れる段階となりますが、多くの若い女性は必ずここで中止を要求します。どうしますか？

あなたは素直に中止すべきです。

ムリできないことはありませんが、あなたがその女性を愛するのであればやめるべきです。愛より性を求めるようなつき合いは長つづきしませんし、わたしが教えようとしている技術もそんなものではありません。

わたしが伝授したいのは**〝する〟という行動ではなく、〝したい〟という女性の能動性を呼び起こすテクニック**です。ムリヤリ欲望をかなえたいという人は、そもそも女性を口説き、いい人生を過ごすという本来の意図にそむく人です。女を愛せない男は、口説く資格などないのです。

話はもとに戻りますが、ここであなたは〝口から胸〟という段階に入ります。これは本格的にプライベートな関係、いうなれば〝境界を越えた〟関係に入ることになります。

というのも、いままでの〝口から口〟〝手から頭〟〝手から体〟までなら、極端にいえば、電車のなかでも可能です。いわば、まだパブリックな段階なのです。

これに対し、〝口から胸〟の行為は、もはや公衆の面前ではできません。厳然たる2人だけの世界での行為となります。

このとき2人は、十分に信頼し合うレベルに達したということができます。これから先になると、もはや2つしか残っていません。

①手から性器
②性器から性器

です。実に〝手から手〟の接触からはじまって、9ステップで目的を達することになるのです。

さらに〝手から手〟の前にも3つの過程があります。

①目から体

②目から目
③声から声
がそれです。

こういう長い親密時間を経ずして、愛を育むことは不可能であることを知っておいてください。

7 はじめて会った女性の手を握るこんな方法

これまで述べてきたように〝手を握る〟という行為は、あなたとあなたが口説こうとする女性の関係を一歩進めるための手段となります。

逆にはじめて会った女性でも、手を握ることができれば、何かが生まれる可能性もグンと大きくなります。

では、はじめて会った女性の手を握るにはどうしましょう。

「きみの手相を見てみたいな」

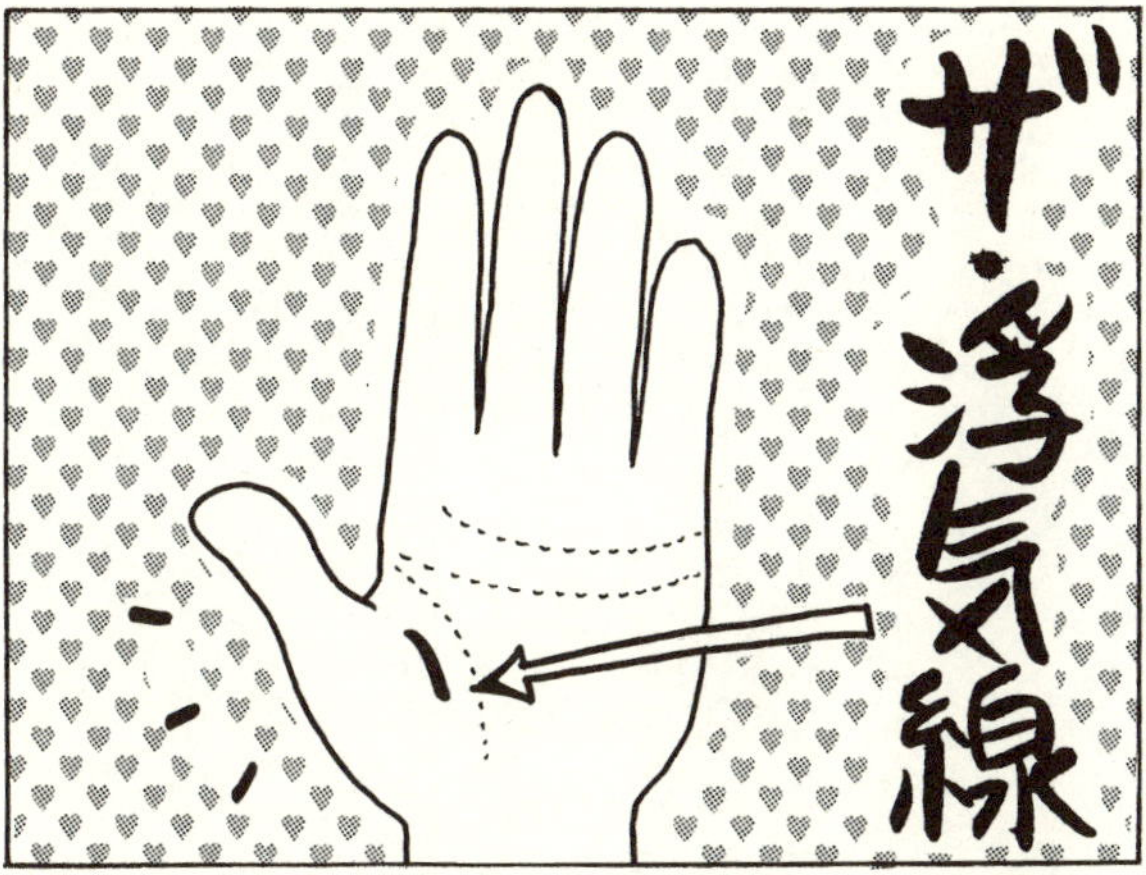

これは簡単なやり方ですが、女性は簡単に手を出すでしょうか。それに、あなたに手相の知識はあるのでしょうか。

そこで簡単なテクニックを教えておきましょう。

「ぼくは実は占いで、浮気性だっていわれたんですよ」

「本当ですか」

「手相を見ればわかるんですよ。浮気線っていうんです」

「うっそお！　わたしはどうかしら、見てもらえますか？」

浮気線とは、生命線の内側（親指の根元側）に平行してできる短い線で、これが濃く出ていると要注意、と手相ではいわれています。

結婚線とか生命線は、たいていの女性は知っているものです。下手なことをいって手相を見ようとすると、「手をさわりたいだけでしょう」と心のなかを見透かされてしまいます。

この浮気線は、あまりメジャーなものでないので、その場の雰囲気を和やかにしながら使ってみるとよいかもしれません。

もちろん、手相でなくても手は握れます。

「きみって指が長いんだなあ」

こんなほめ言葉ひとつでもきっかけはつくれますし、

「手が冷たい人は心が温かいっていいますよ」

「わたしって、手が温かすぎるんです」

「じゃあ、心が冷たい人なんだ」

「そんなことないですよ」

「よし、じゃあ手を貸して。うわっ、熱くてヤケドしそう……！」

こんなやりとりでも、十年来の恋人同士のような雰囲気が生まれるはずです。

まずは、手を握る行為を愛情や恋愛と単純に結びつけないことが肝心です。これですぐ恋に落ちるということは、絶対といっていいくらいありえません。だから、まず気軽に遊びに結びつけて手を握ってしまうのです。

しかし、1回握ったら2回、3回と握ることは容易になり、相手も次第にそれを待ち望むようになります。いかにスマートにその気にさせるところまでもっていくか、それが勝負なのです。

8 街ですれ違っただけの女性でも、1時間後にデートできる！

女性誌の編集者やテレビ局のディレクターは、つねに女性と接していなければ感覚が古くなります。それだけに、

「渋谷に行って、女性たちのパンティーの色を調べてこい。最低100人に聞くんだぞ」

などと、とんでもない命令を受けることがあります。新米の編集者は、そうやって

鍛えられていくのです。

実はこれらの調査（?）で、教えてくれる女性はほとんどいません。それほどむずかしいものなのです。

ところで、あなたは街角で女性に声をかけたことがあるでしょうか? おそらくないでしょう。最初は勇気がいりますが、すぐ慣れます。

たとえば、デパートのショーウインドーをのぞき込んでいる女性がいたとします。

このとき、見極めなくてはならないのは2つの可能性です。

①単に時間をつぶしているだけか

②何か特定のものを探しているのか

①の場合、女性が腕時計に目を走らせていたら、これは待ち合わせをしているのでしょうから、口説くのはムリです。単に時間をつぶしている女は、さほど熱心に品物を見ていませんし、あちこちに目を走らせ、ゆっくりと歩いている様子で見抜くことができます。

②の**何か特定の品物を探しているときは、チャンスが意外に大きい**ものです。

たとえば、男にネクタイを贈ろうとしているように見えたら、

「失礼ですが、もし時間が少々おありでしたら、わたしもネクタイがほしいので、一緒に見ていただけますか？」

思い切ってこう声をかけてみたらどうでしょう。ダメでもともとです。場合によっては、便利な男が飛び込んできた、と錯覚することもありえます。勝負は、この危険性と便利性のかけひきです。

これが、

「お茶を飲みにいきませんか」

などといってしまうと、危険性のみで女性に何のプラスもありません。

こんな場合に女性を誘えるのは、**2つの要素がピタッと合った場合**です。

まず、そのひとつは**「時間」**です。

たとえば電車を待っているときに、どうせもて余している時間なら、お茶でも一緒になる可能性はあります。

もうひとつは**「雰囲気」**です。さらにいえば、丁寧さと礼儀正しさです。

女性は、たいていは男に声をかけられても、迷惑とは思いません。

「わたしがあんな男にひっかかるとでも思ってるのかしら」

などと女性はよくいいますが、**〝あんな男にひっかからない〟とは、裏を返せば、〝いい男ならOK〟なのです。**

だから何より〝上品な紳士〟を通し、マナーを踏み外さず、偶然の出会いがいかにも必然であるように見せるのです。ウソだって一向にかまいません。女だって必然だと思いたいのですから。

さらに、こんなテクニックもあります。

ショーウインドーの右から左へ移動している女性なら、あなたは左から右へそろそろと歩いていくのです。必ずどこかでぶつかるか、すれ違うことになります。

その寸前にハッと気がついたように、「失礼しました」といいながら、「あれ？」とつぶやくのです。

必ずその女性は、あなたの顔を見るでしょう。

そのとき、

「もしよかったら、お茶でもご一緒に……」

と間髪を入れずに頼んでみるのです。女性のほうは〝あれ？〟が気になって、一緒についてくるはずです。

9 年上の女は、こんな心理を利用して落とせ！

年上の女性がよくいう言葉に、

「わたしはもう、おばさんだから」

などというものがあります。このとき、

「もちろんです」

などといったら、頭から水をぶっかけられてしまいます。

このときの女性心理の裏側にあるのは、**〝わたしはまだ若いのよ〟という優越感。**

ですから、もしあなたがその女性を口説き落としたいのなら、あくまで**〝自分がリードしていきます〟という姿勢で迫るべき**なのです。

そうすれば相手も安心して、笑いながら身を投じてくるはずです。

セックスでは女性に任せたとしても、日常では男らしさをアピールするほうが、彼女も年齢を感じなくなるはずです。いかにもヒモだ、と思わせるべきなのは、相手がよっぽどのセレブか年上のホステスのような場合。

普通の女性は、若さを甦らせようとして年下の男とつき合うわけではないのです。

ふとしたことで知り合った女性が、いくつか年上だった。何となく落ち着いていて、しっとりとした態度がまた好ましい。

こんなとき、ただ〝さよなら〟ではあまりにもったいない。

とはいえ、「また、会えますか？」などと、くだらない質問をしたくない。気のきいたせりふが出てこなければ、ジ・エンドです。

このとき、考えなくてはならないのは、**「日にち」より「曜日」**です。

ある程度、大人の女性、あるいは人妻というものは、カルチャーセンターやデパートの休日など、曜日と連動して行動していることが多いのです。

だから、

「来週の今日、また会えますよね」

などと、**少し断定的に**いったほうがいいのです。

「来週の今日ですか」

彼女は驚くに違いありません。

ところが、この答えは、もう〝会う〟ことを前提にしているのです。「来週の今日」といったがために、会うか会わないかは吹き飛んでしまったわけです。

この表現は、相手が大人だからできるのであって、若い女性に使ってはなりません。もし、いったとすると、

「なにバカなこといってるの！」

などと一発で却下されることは間違いありません。若い女性が質問を端的にとらえるのに対し、年上だと〝情け〟をかけてくれるのです。

「もしかすると、同じ曜日なら、ここで会えるのかと思ったんです」

「さあ、どうでしょう」

ここまでくれば、もう承知したも同然です。こういうカマのかけ方は、びっくりするほど効果が高いことがあるのです。

「30分だけ、お茶を飲む時間をください」

こういう迫り方もあります。これは人妻の場合だと、そう時間のゆとりがないことを知ったうえでの言い方です。

「30分なら大丈夫かしら」

女性のほうは、めまぐるしく頭のなかで時間の計算をするはずです。

もっとおもしろい方法に、

「ぼくは、こんな新しい情報を知っているんです」

こんな奇抜な迫り方もあります。

女性もある程度年齢がいくと、最新情報をつねに気にするようになります。たまに街に出ようものなら、キョロキョロと目を皿のようにしているものです。

そんなときに〝新しい情報〟を教えてくれるという若い男が現われたらどうでしょう。喜ばないわけがないではありませんか。

「それはとても、おもしろそうね!」

この機会を逃しては、あまりに残念と、確実に承知してくれるものです。

10 人妻を口説く! これが内緒の〝ワルい人〟の技術

そもそも人妻が浮気する可能性とは、どんな場合でしょうか?

①夫の帰りが遅く、自分が見捨てられていると思うとき
②夫は定期的に帰るが、会話不足に不満を抱いているとき
③すでに夫婦の仲が冷え切っているとき
大きく分けて、この3つの心理が考えられます。時間的、精神的、肉体的不満と置き換えてもいいでしょう。

いずれにしろ**チャンスは、イライラが重なっているとき。その状態を、外からどう見抜くかがカギ**になります。

この方法はほかでもない、こんな会話術です。

「こんなに遅くなって大丈夫ですか？」

「大丈夫よ。うちの人はいつも午前さまだから」

これなら、間違いなく①か③のどちらかです。つづいて、

「でも、電話が入ったりして叱られませんか？」

「叱るですって！　自分が遊んでるのに、どうしてわたしを叱れるの？」

こう答えれば、これは①のケースです。

「電話が入るも何も、うちはとっくの昔に別居同然ですよ」

これなら③のケースであることがわかります。

では、②のケースは、どんな会話でわかるでしょうか?

「ずいぶん遅くまで話しちゃいましたね。大丈夫ですか?」

「うちの亭主、怒ってるだろうな。でも、いいの。たまには心配させてやらないと」

この答えで②のケースだとわかります。

これらの答えに合わせて、あなたは弱点をつけばいいのです。

①のケースなら、

「この次は、食事のあと、軽くホテルのバーで飲みませんか?」

夫の帰りが遅くてフラストレーションがたまっている人妻は、これで身近に引き寄せられます。

「あなたと話していると、あっという間に時間がたっちゃって……。もっとゆっくり時間のとれる日はありませんか?」

②の会話不足の人妻は、この言葉に乗ってくるはずです。

③の別居同然の人妻なら、思い切って、

「明日の午後六時、○○ホテルのバーでお会いできませんか?」

これを承知すれば、もう口説けたも同然です。

人妻や年上の女性とつき合うときは、ときどき甘えを出すことが重要です。とはいえ、ただベタベタするだけでは、向こうから逃げていきます。その種の男には愛想が尽きている可能性だってあるのです。

では、どうやって甘えましょう。

映画などを見たら、女主人公の心理を聞くのもひとつの手です。

なぜなら、人妻だということで、夫婦の機微や結婚の動機などにまで踏み込めるからです。うまくすれば、性生活までにおってくるかもしれません。

「それで、あの主人公はセックスなしで満足なんでしょうか？」

「そりゃ不満よ。あなたにはちょっと理解できないかもしれないけれど」

「もっと具体的に教えてくださいよ」

こういうふうに畳みかければ、いつの間にか彼女ときわどい話を交わすことになります。そうなれば、〝あとは行動のみ〟となる可能性だってあるでしょう。

あるいはネクタイを選んでもらう方法もあります。年上の女性ほど、こういうときには熱心になるものです。

「あなたには、このほうが似合うわね」

こうやってネクタイを探すという心理は、自分が連れて歩きたい男を、自らの手でつくり上げていることにほかなりません。それだけでボーイフレンドの位置を獲得したことになります。

そこで、次の一手です。

「ぼくの知っている店に行きませんか?」

たった一言。

しかし、これは重要な一言です。

なぜか。

もし何かトラブルがあったときに、「この店が証言者になってくれるから安心」という意識が相手に生まれるからです。

「奥さんは、あの晩ずっとここで飲んでいましたよ」

サスペンス・ドラマではありませんが、アリバイづくりです。間違ってもホテルに行った、などということがバレる可能性を示唆してはいけません。

だから、

「このマスターは安心なんですよ。何かのときは、いってください」

「何かのときって？」

「何かですよ。わかっているでしょう」

「ワルい人ね！」

この〝ワルい人〟が出たら、もう遠慮することはありません。

6章

いつの間にか夢中にさせる「口説きの常識」

——女の本能をくすぐる「男の条件」

1 女を動かす3つのもの——まずはこの欲望を満たせ！

フランスの啓蒙思想家ディドロは、よほど奥さんに悩んだのか、**「女を動かす3つのもの……それは快楽、利害、虚栄」**という有名な言葉を残しました。

これは、実にみごとなほど女性の本性を浮き彫りにしています。

実は**女性にモテる男は、このすべてか、少なくとも一部を与えている**のです。

女性の欲望は無限。いわば〝もっともっと〟人間といっていいでしょう。

「快楽」には限度がありません。何でもいいから楽しみを与えるべきなのです。

セックスの快楽は、これから口説こうとする女性にはムリですが、それ以外の、食べる楽しみ、しゃべる楽しみ、飲む楽しみなど、できるだけ与えつづけることです。

「利害」とは第一に、女性の味方になることをいいます。〝死なばもろとも〟という男にほれるのであって、どんなにいいことをいっても、最後に逃げを打つような男は結局、捨てられます。

もちろん利害のなかには、金銭面も入っています。しかし、よく間違えるのですが、金持ちでなくとも、損をさせない男ならモテるのです。問題は金の多寡ではありません。

「虚栄」は、よくおわかりでしょう。自分を楽しませてくれる男でなければ、一緒にいる価値がないとさえ思うものです。

芸能人、スポーツ選手、ルックスがいい、一流大学卒、ベンツに乗る男、などに彼女たちが憧れるのは、周りに自分を見せびらかすのに好都合だからです。

だとしたら、少なくとも、これに近いデートの条件を整えたり、おもしろい話題、珍しい条件をもち出すほうが有利です。

わたしの友人には、はじめてのデートに、ベンツを借り出してホテルに横づけしたところ、即日つき合うことになった男がいます。これこそディドロの警句を実践に移した、巧みな方法といえるでしょう。

自信がなくても、女性には〝勇気ある虚像〟を見せること。

女性はいつでも、自分を華やかにしてくれる男を待ち望んでいるのです。

2 お嬢様タイプは、こんな男に魅力を感じる!

まず、育ちのよいお嬢さんには、決してムリ強《じ》いしてはいけません。1日も早くモノにしたいと焦ってしまう男性も多いでしょうが、焦ったら即失敗です。

それより**〝育ちのよい美人〟を口説くには、相手が〝何を気にするか〟を、まず考えなければなりません**。

①自分の行動を、だれか知人に見られてはいないか

②この男は、わたしを食いものにしようとしているのではないか。何が目的か

③わたしがつき合っていい種類の人間か。この男の友人は安全か
④つき合って楽しい男か
⑤あとあと、面倒が起こらないか

まず、これらの点が彼女の関心事になります。逆にいえば、この5条件をクリアできれば、つき合っていいただけることになるわけです。

いつも失敗する人は、自分の条件から考えているのです。今日はイタリアンをごちそうしたんだから、キスぐらいさせてほしい、という具合です。

口説きの名人は、逆に彼女の条件を、一つひとつつぶしていくことを考えます。

①の「知人に見られていないか」とは、体面を保ちたいということです。

たとえば、彼女を帰りに送ったとします。このとき、彼女の家の門の前まで送っては失格です。

自宅から少なくとも50メートル手前で、彼女と別れるべきなのです。それは、もちろん彼女が近所の人の目を気にしているからです。

また、②の「何が目的か」。少なくとも結婚が目的でないことは、はっきりさせておきましょう。〝楽しい遊び友達になりたい〟という目的がわかっていれば、むしろ

彼女は安心するでしょう。

こうしておき、遊びの限界を彼女が知っていれば、その範囲内ならＯＫなのです。「寝るのはイヤ」なら、その一歩手前まではＯＫです。「キスはイヤ」なら、それ以外はＯＫ。

こんな言葉の遊びで、口説きはスリルのあるゲームとなることをお忘れなく。

3 モテない理由はたったの3つ、モテる方法もたったの3つ！

ここまでこの本を読んでいただいて、モテる男が女をいかにして口説くか、だんだんわかってきたのではないでしょうか。

では、モテない男の条件とは何でしょうか。根本的には３つだけです。

①爪の先が汚れている
②いつもガツガツしている
③だらしない

実に簡単です。この3項目だけなのです。

爪が汚いのを、なぜ女性はイヤがるか？　これは潜在的に女性は、触れられることを考えているからです。これは、前にもくわしく述べました。

では、次の「ガツガツした男」がなぜダメなのでしょう。

女に飢えているような男とつき合えば、それだけ自分の価値が下がる。女はこのように考えます。

自分の価値を高めてくれる男でなければ、女性はつき合うことなど決してありません。目をギラつかせて、脂ぎった顔で迫られたら、女は逃げ出して当然なのです。

そして、「だらしない男」とは、「責任を取らない男」と女性の目に映ります。金銭的なだらしなさよりも、約束を守らないだらしなさがイヤなのです。

たとえば、デートの時間に毎度遅れていったらどうでしょう。

女性の考えは一気に飛躍して、

「この人は結婚式にも遅れてくるに違いない」

というところまで行ってしまうのです。

さて、これでモテる男の条件もわかったでしょう。

①清潔感がある
②華やかで、余裕を感じさせる
③約束をきちんと守る

わずか3項目です。

今日からでも、すぐ実行しようではありませんか。

4 こんな〝5K〟は徹底的に改めよ！

いまは**「女の時代」**です。結婚でも、男が女を選ぶ時代は遠く過ぎ去りました。

近ごろでは〝こんな男は夫にしたくない〟と女性に思われたら、一生独身をつづけなければなりません。

会社でもそうです。女性社員に嫌われたら最後、出世の道は閉ざされます。

なぜそうなのか？　この理由をまずしっかり、頭に入れておくことです。

どの会社も、女性の数が急速に増えています。それは女性の高度教育化と、市場の女性化という2つの波が重なって押し寄せているからです。

そうなると、仕事と男性社員に対する目が厳しくなり、それに合格しないことには、社内で女性社員に認めてもらえません。〝女のくせに〟とか〝女なんて〟と心のなかで思っている男たちは、それだけで落第です。

もうひとつ、市場の女性化という波は、商品や街の建造物にも表われているので、よくおわかりでしょう。この傾向をしっかりつかんでおかないと、時代遅れになってしまうのです。

では**嫌われる代表的タイプ**とは、どんな男たちでしょうか。

ずばり！　頭文字がKからはじまっている5K人間です。

①汚い、②暗い、③臭い、④怖い、⑤堅い。

フケが上着に落ちていたり、同じワイシャツを3日つづけて着ている男。毎日同じネクタイを締めている男も同様です。

暗い男とは、眉間にタテじわが刻まれているタイプ。あるいは、成功より失敗をいつも想像しているような男たちです。

臭い男は、文字通り口臭です。納豆、キムチその他のにおいは、女性化社会では厳禁です。

怖い男とは、古い男っぽさがある人です。女をバカにして、上からモノをいいます。この種の〝男性語〟は、女性に軽べつされるだけです。

最後に堅い男とは、融通のきかない人。〝それは規則で決まっている〟というように、女性本来の生理、性格を無視する男が代表です。

女性の目は実に厳しいもので、彼女たちの井戸端会議を聞いたら、大の男でも卒倒するぐらいのすさまじさです。

もし5Kがひとつでも当てはまるようなら、いますぐ改めないと、生き残れる男にはなれません。

5 女は「現実」よりも「夢」を見たい生き物

あなたは〝優しさ〟というものを、じっくりと考えたことがあるでしょうか。

ルックスのいい男が、ブ男よりモテるのは当然です。

しかし、**顔がよければ必ずモテるかというと、そんなことはありません。**これが女性心理の微妙なところです。

また、乱暴な男より優しい男がモテるのも、至極当然です。女はだれだって、優しいほうを喜びます。

だが世の中、こう簡単にはいきません。だれが見たってハンサムではなく、むしろぶっきらぼうなビートたけしは根強い人気があります。さんまだって、出っ歯で品もありませんが、好感度はつねにトップを争います。

有名人だからと考える人もいると思いますが、無名の結婚詐欺師たちも、ブ男で背も高くないのに、結構、成果を出している人が非常に多くいます。

それに対して、考えてみてください。高倉健は独身です。年からいえば、独身じいさんです。でも、彼だったら、周りに100人や200人の愛人がいたって不思議ではありません。

そこで女にモテる顔（表情）というのを考えると、

①いつも笑顔
②笑うと目がなくなる
③どちらかというと顔が丸い

という3つの条件が出てきます。

この3つがそろっていれば最高。ひとつでもあれば、モテる顔と思ってかまいません。美男子でも能面のような顔では、女性はつまらないのです。

さらにいえば、女性は〝**頭のなかで現実を夢に変えられる**〟という特技をもっています。

これは、どういうことなのでしょう。

簡単にいえば、**どんなブ男に抱かれていても、頭のなかでは理想の男に抱かれてい**

るような気分に浸ることができる、ということです。

だから、ブ男なら、彼女を背中から抱きしめるとよいのです。顔を見せなければ、彼女の夢は一層ふくらみます。

逆に顔に自信がある男は、いつも真正面から抱きしめようとします。いくら顔がよくても、真っ黒な鼻の穴が見えることもありますし、肌は脂ぎって、目は血走っていることだってあります。これでは女も夢が見られません。

結局は、〝夢を見させるテクニック〟を磨いた男が勝ちなのです。

6 「女の時間感覚」がわからない男になるな！

12時5分前、午前中の会議がそろそろ終わる時間——すばやい女性は、資料をかたづけはじめます。

ところが気がきかない男の上司は、

「きみたち、まだ5分もあるじゃないか、もう一度、最後までわたしの話を聞きなさい！」

女性社員を叱りつけます。

しかし、この上司はこれで、女性全員を敵に回してしまったのです。

女性社員の12時5分前とは、どういう時間帯かを、まったく理解していないからです。

女性はつねに〝男より時間を多く必要とする〟ものです。食事にせよ、化粧にせよ、あるいは着替えにせよ、男の5割増の時間を費やしていることに、お気づきでしょうか。

会社の開始時間でも、女性がいちばん遅く席につくといわれます。

お昼になる直前もそうでしょう。早くトイレに行かないと女性用は満員になりますし、急いで食事をすませないと、コーヒータイムがとれなくなります。

だからこそ、5分前には、それらの行動の待機態勢に入っているわけなのです。

それを、ギリギリ12時まで会議をつづけられたらどうなるか、賢明な読者なら、もうおわかりでしょう。女性の行動心理がわからずに、一方的に男性の考え方を押しつけてもダメなのです。

たとえば〝気〟という言葉があります。

男たちは、だれでも勇気、活気、やる気、熱気などの言葉を思い浮かべます。

ひどい上司になると、

「やる気がないから病気になるんだ」

などと、とんでもないことをいい出します。

ところが、女性は〝気〟という言葉から、雰囲気、気楽、陽気、気安さなどの言葉を連想します。

これが女性の行動原理となっているとすれば、12時きっかりまで会議をする男が、バカか鬼に見えて当然でしょう。

また、**女性の特徴のひとつに〝持続性〟という長所があります。**働きぶりも男たちよりはるかにねばり強く、資料作成だってコツコツと、正確に仕上げるものです。

それにもかかわらず、途中で、

「オーイ、○○くん、ちょっときてくれ」

とたびたび呼ぶ上司がいるでしょう。呼ばれる女性たちは、その都度、上司から心が離れていっているのです。

7 モテない男は、女に遠慮しすぎている！

女心がつかめない男は、なぜ女の心があんなにクルクル変わるのかが、わからないといいます。

しかし、よく観察してみてください。

女性は1日のうちで、**躁《そう》の時間**と**鬱《うつ》の時間**があるものです。躁のときは〝愛している〟といってみたり、鬱のときは〝嫌い〟といってみたり、目まぐるしく気分が変わることがあり、男は翻弄《ほんろう》されてしまいます。

たとえば、デートの時間が毎回同じだと、つねに彼女は、同じ心理状態にいることになります。

いつも彼女がノーといっているのなら、まず、デートの時間帯を変えてみる。それだけで、イエスとなる場合があります。

また、女心がつかめない男というのは、自分の考えよりも、彼女の考えを大事にし

すぎているのです。

「モテない男の大半は、女に遠慮しすぎているからだ」

という言葉があるくらいです。

女心をつかむには、安心を不安に変えなければなりません。年中同じデートで同じ口説き方では、彼女を安心させ退屈させるだけなのです。

そうではなく、1時間早めるか遅くするとか、いつもの場所ではなくホテルのティーラウンジや行ったことのない街に連れていくとか、**変化させることが女心をつかむコツ**です。

こうなると、逆に彼女のほうが男心をつかめなくなり、不安な心理状態に置かれます。相手を翻弄するよりも、まず相手の気持ちのほうが気になって仕方なくなります。勝つか負けるかは、心理戦です。不安になれば女性は必ず、すがりついてくるものなのです。

〝時間と場所を変えてみる〟――ぜひ試してみてください。

8 口説ける女性は「見た目」でわかる!?

あなたは、女性の外見から性格を判断できるでしょうか？

①内気で引っ込み思案の女性には、やせ型が多い
②陽気で社交的な女性には、肥満型が多い
③まじめで頑固、几帳面な女性には筋骨型が多い

この3つの分類法はクレッチマーという精神医学者によるものですが、まさにその通りです。

たったこれだけで、やせ型の女性には積極的に話しかけたり、ほめたりするほうが

いいことがわかります。肥満型には明るく、筋骨型の女性には細かく指示を出すほうがうまくいくのです。

さらにもっと簡単な分類は、「陰」と「陽」に分けることです。

面長の〝月顔〟は間違いなく「陰」タイプです。このタイプには、じっくりと接することで信頼されるでしょう。

一方の**「陽」のタイプは、どちらかというと健康的な丸顔**です。比較的、短時間勝負で明るく接したほうがうまくいくでしょう。

では陰と陽のタイプには、どんな性格の女性がいるのでしょうか。

【陰タイプ】
無気力派、クヨクヨ派、形式を重んじるタイプ、ネクラ派、現実派、

【陽タイプ】
楽天家、ロマンチスト、気分屋、ネアカ派、自己主張派、猛烈タイプ

おもしろいことに仕事上では、あなたが陰タイプの男なら、同じ陰タイプが合います。もし陽タイプなら、同じタイプとうまくいくでしょう。

それは仕事という場では、自分と異なるタイプとつき合うのが面倒だし、苦痛だか

らです。

自分がつき合うのが陰性なら、そのタイプとつき合うほうがラクなのです。

これは恋愛、結婚の場合とまったく違うので、間違えてはいけません。異なるタイプに合わせるときは慎重にいくことです。

9 女の年齢とタイプで使い分ける「5つの戦略」

人を動かす方法には、
①**威嚇**《いかく》…声や態度で圧力をかける
②**自己宣伝**…長所をアピールする
③**模範**…まっ先にやる
④**嘆願**…下手に出る
⑤**迎合**…相手の意に従う
この5つのストラテジー（戦略）があります。

問題は、これを女性にどう適合させるか、という点です。

まず①の威嚇では話になりません。怒鳴ったり怒ったりでは、あなたに近づいてさえくれなくなります。

そこで②から⑤までを巧みに使うことになります。このとき、相手の年齢と性格を見抜いておかなければなりません。

たとえば、④の嘆願は、年上か気の強い女性には有効ですが、年下の女性には効果がありません。

むしろ年下の女性には、②の自己宣伝がいいでしょう。

なぜなら、長所をうまくアピールしておけば、彼女が安心するからです。

口説きでも、年上や美人には嘆願が効きますが、若い女性は、男慣れしていないだけに、信頼させることがもっとも大事なのです。

⑤の迎合はどういう女性に使うかというと、地位的に上にある場合です。とりあえずは、「おっしゃる通りです」といわないと、相手にすらしてくれません。

意見に反対の場合でも、最初から「それは違うでしょう」といっては感情を高ぶらせるだけですから、絶対うまくいきません。

女性の上司がいたら、ここをしっかり知ることが大事です。

③の模範は、年輩の女性や一般女性に向いています。まっ先にやることで、注目を浴び、それによって女性の心をつかむことが可能になるからです。

バカなことでも率先して模範を示せば、ともかく行動的な男と認められ、声をかけられることが多くなります。

この5つの戦略を使いこなしてみませんか?

10 たとえ、彼がいる女でも……

女性は〝利己的遺伝子〟をつねにもっています。これは〝いい男〟を見つけて子種《こだね》を得るという、実に生物学的な本能です。

ということは、**もし気に入った女性に彼氏がいたとしても、あなたのほうが〝いい男〟と印象づけられたら、女性があなたのほうになびいていくことも、大いにありえる**ことです。

むろん外見はそんな気持ちをおくびにも出しませんが、利己的遺伝子という女性の体内の魔物が、ダメ男のほうを自然に蹴飛ばしてしまうのです。

こういう女性の気持ちを知っていれば、恋人がいようが亭主がいようが、そんなものは問題外です。

ただし、女性のほうは浮気するとき、必ず自分に対し、そうしなければならなかった理由をつくります。

「わたしが浮気したのは、あなたがわたしを放っておいたからよ」

こういう理屈をつくってしまうのだから、恐ろしいものです。

要するに、**何でもかまわないから、自分の気持ちを納得させる理由をつくってしまう、**そう覚えておくことです。

だから、女性が積極的になったときは、あなたはビクビクしたり、弱気になってはいけません。あくまで自分がその女性の彼氏、あるいは夫より優位な遺伝子をもっていると印象づけていけばよいのです。

ただし、あなたに最終的な責任をとるつもりがないのなら、最後の一線は残しておくことをお忘れなく。

むしろ、楽しめるだけ楽しもうという気持ちで互いに納得したほうが、女性も貪欲になるものです。

11 「結婚観」——働く女性のホンネとは?

働く女性の数は、男のそれに年々、近づいてきています。会社が〝男の世界〟だった時代は、とっくの昔に終わっているのです。

一緒に同じ企業に入っても、男のほうが先に出世するとは限りません。男は仕事、女は家庭などということを考えていては、もうビジネスそのものが成り立っていきません。

とはいえ、**女性の本質的なものが変わったわけではありません。**その行動規律は、あくまで**〝好きか嫌いか〟**によります。

したがってビジネス社会で成功するのにも、いまは〝女性に好かれる男〟にならなくてはならないのです。

ここで考えなくてはならないのは、「結婚」についてです。

「きみは、まだ結婚しないの？」

などといったら最後、女性のほうが出世したあかつきには、一生、日の目を見られません。

ここで働く女性の欲求を理解しておきましょう。
①もっと勉強したい
②出世したい
③結婚から自由でありたい
④男と同じ趣味嗜好をもちたい
大方の女性は、こんな欲求をもっていると考えておいてください。

たとえば、①の「もっと勉強したい」女性は、美術、音楽、政治など、あらゆる方面に話題を広げています。むしろ、男性の〝文化値〟のほうが遅れていると考えるべきでしょう。
②の「出世」についてもそうです。いまや〝女の上司なんて〟と考えるほうが、時代に逆行しています。

③の結婚は見てきた通りです。ふだんの会話では「結婚」の2文字など、出してはいけません。つき合ううえでも、結婚を頭に置かない関係を意識する場合すらあります。

④については、ゴルフ、パチンコ、競馬など、何でもかまいません。女性に好かれる男は、新しい遊びを開拓するのが得意な男なのです。

12 つき合って1年後に、男が必ずすべきこと!

つき合って1年、という時期は、女性にとって非常に重要な意味をもちます。彼女たちが考えるのは、こういうことです。

①彼はわたしと、本当に結婚しようと思っているのだろうか
②この人と結婚して後悔しないだろうか
③もっとわたしにぴったりの男性がいるのではないか

基本的にこの3つの心理が働き、その結果、次のような不満が起こることもありま

す。

①この人との関係がマンネリになってきた

②彼とつき合っていても未来がない

これと逆に働いているのは、**〝早く奪って逃げてほしい〟という心理**。この〝奪って逃げる〟とは**〝自分を結婚させてしまってくれ〟という声にほかなりません。**

要するに、早く結論を出さないと、わたしはどうなっちゃうかわからないわよ、という状態になるのです。

この時期に男のほうがうまく乗らないと、男女の仲は離れていきます。

例をあげれば、彼女とつき合っていてキスもできない男がいたとしたら、出会ったばかりの男が奪っていくなどということは、いくらでもありえます。〝1年〟というのは、ちょうどそんな時期なのです。

要は1年という時期、男もいまの関係をどうするか、彼女の気持ちを考えて選択すべき段階であるのを忘れないことです。

13 男の魅力は顔ではない！

男にとって〝顔〟は、どれほどの武器になるのでしょうか。

たしかに10代から22、23歳くらいまでの世間の怖さや社会の目を知らない女性は、男を顔で判断する傾向が強くあります。

しかし、たいていの女性は社会の波にもまれると、男のマスクが何の役にも立たないことを理解しはじめます。

そして知るのは〝**力**〟です。**力がなくては、男は何の意味もないことを痛切に知る**のです。

どんなに好きな男でも、

「お前はバカではないか。そんな仕事の仕方なら、やめちまえ」

と、毎日、上司に怒鳴られていたとしたら、最初は母性本能から保護しているものの、力のない男のむなしさを知って女は離れていきます。

おもしろいことに、顔で勝負できない男ほど、金、地位、権力というものを重視します。大人の女たちが、これらの〝力をふるえる男たち〟についていくのは、自然の理《ことわり》なのです。

「なんだ、あんな男に夢中になって。もっとふさわしい男が、いっぱいいるじゃないか」

などといおうものなら、さげすむような目で、

「あなたにはわからないのよ。彼の本当の魅力が……」

と、やり込められるのがオチでしょう。

「おれは愛情が第一だ。そんな女なんかいらないよ」

などという男は、女に一生、縁がありません。大人の女ほど現実的になります。もし〝愛情〟だけで相手を選ぶなら、グッと若い女たちか、さもなくば愛情に飢えている中年の人妻たちしかないでしょう。

さっそうと社会で活躍している女性を相手にするには、あなたも、さっそうと社会で活躍するほかないのです。

14 〝女はセックス好きの動物〟って本当？

女性には、自分を高めてくれる男に夢中になるタイプと、自分を堕落させる男にほれるタイプの2種類がいます。

「きみって知的だね」

と賛美すれば、うれしがる女性がいます。

その反対に、

「お前ってエッチな女だな」

などといおうものなら、

「そうよ、女ってみんなエッチが好きなのよ。いけなかった？」

などと挑発してくる女性もいます。

どちらが簡単に口説けるかは、おわかりでしょう。女性慣れしていない男は、女性を美化してしまうので、ズバリ核心をつく言葉をいえないだけなのです。

逆に遊び好きの男は、汚い言葉でも平気でいえるので、かえってうまくいくケースが多いのです。

女の達人になるには〝女とはセックス好きの動物だ〟と割り切ることが必要です。どんな女性でも例外はありません。アレが嫌いな女はいないんだ、と頭から信じ込むのです。

知的な女性にも、同じ信念でぶつかるのです。問題は、言葉の遊びで近づくか、体に触れることで近づくか、山の頂上にたどり着く道が2通りあることを知ることです。

知性派の体に直接触れるのは、まずムリです。

その代わり、言葉という観念遊びで簡単に仲よくなれます。言葉で堕落させ挑発すると、驚くような結果を迎えるでしょう。

7章

あなただけに教える「いい女」の見分け方

――口説きの神様直伝「20の原則」

1 〝顔のつくり〟でわかる！　彼女の性格

わたしは口説き上手で、めったに失敗することはありません。

というとエラそうに聞こえるでしょうが、口説きにくい女性には絶対近寄らないので、失敗の確率が低いだけです。

では**口説けない女性を、どこで見分けているのでしょうか。**ずばりいえば、**顔**です。

人相学をほんの少しかじっているだけで、性格判断ができるのです。

たとえば、男でも女でも、口をギュッと結んでいるときは近寄りにくいでしょう。反対に笑うと白い歯が出る女性は派手なだけに、話しやすいはずです。

耳の位置でも、さまざまなことがわかります。

ほ乳類の動物は耳が頭部にありますが、オランウータンの耳はぐっと下がり、人間は鼻とほぼ同位置です。つまり、**耳が上の位置にあるほど動物的、直感型人間であり、耳たぶがたっぷり下がっているほど、知性があって温和**なのです。

たったこれだけで、話題を違えなければならないと、わかるはずです。

目も、大きい女性ほど、大胆で積極的です。目が小さい女性は臆病ですし、細い目は疑い深い性格です。

歯を見ても、うさぎのように前歯が大きい女性は、元来、草食（野菜好き）動物ですから、優しい性格です。

ところが、細かい歯が真珠のように並んでいる女性は、肉をかみ切るほど強い歯のもち主で、性格はキツく、顔に似合わず冷酷なところもあるのです。

このように、職場の女性社員を人相学的に分類してみるといいでしょう。データを頭にインプットしておくと、思わぬときに役立つことになるのです。

声もそうで、普通は背の低い女性は高音、背の高い女性は低音ぎみです。

この反対の場合は、〝異常性〟のある女性かもしれないので、注意が必要です。

2 〝体型〟でわかる！　彼女が好むプレゼント

大きめのアクセサリーをつけている女性を、頭のなかに思い描いてみてください。

①大柄
②派手なタイプ
③肉づきがいい

どれも当てはまったのではありませんか？

では、小さめのアクセサリーなら、どうでしょう。おそらく反対のタイプになるのではないかと思います。

それではプレゼントを考えてみましょう。最初のタイプに花を贈るとしたら、大きなバラの花が似合うと思いませんか？

場所にしても、女性は自分の体型と性格に合った場所を好みます。**大柄で派手なタイプは、何によらず大きいものが好き。**街のレストランに行くより、ホテルのレストランを好んだりします。

逆に小柄で地味なタイプの女性は、こぢんまりしたレストランの窓ぎわで、ひっそりと2人だけの会話を楽しみたい、などと内心考えたりするものです。

大柄タイプは、ワインも1本注文すべきだし、小柄タイプにはグラスワインのほうが似合います。部屋に飾るぬいぐるみにしても、大きなものを好む女性と、小さなものでなくてはイヤ、という女性がいます。

派手なタイプは、必ず口が大きいものです。派手とは、もともと〝歯出〟と書いたのが語源、つまり一本一本の歯が大きく、そのために笑うと歯ぐきが見えます。

反対に地味で内気な女性は、小さな歯が内側に向かってそろっています。しかし、その歯は、硬いものをかみ砕く力があります。貧乏や不幸な環境に耐える力があるので、結婚にはこちらのほうが安全です。

小柄な女性は、アクセサリーなども小さめのものを好む傾向があります。

こういった趣味の傾向をきちんとおさえておくことが成功のカギです。

3 こんな女と絶対につき合ってはいけない!

「なくて七癖」というように、だれにも特有の癖があります。

口を開けずに笑う人、足音をたてずに歩く人、爪をかむ人、まばたきの多い人――それで性格を読むこともできるので、相手の癖をしっかり見極めることです。

たとえば、口を開けずに笑う女性は、心のなかで笑っているとは限りません。むしろ陰険だと判断できます。

足音をたてずに歩く女性は、まさに〝影(陰)〟のようなもの。遠慮深く、表面に出るのを好みません。愛人や不倫相手には最適でしょう。

爪は運を表わすだけに、それをかむことは運を落とすことになり、そんな女性を重要な役柄につかせるのは考えものです。親指の爪をかむのは異性問題、小指の爪は家族や育児で悩んでいる証拠です。

まばたきの多い女性は根気が続きません。能力はあっても臆病なので、大事な仕事のときは、上にひとりつけるべきでしょう。

このように見ると、癖も捨てたものではありません。癖とは、常識にはずれた言葉や動作が、身についたものです。「癖」という漢字が意味するところは、〝かたよった病〟。よい癖より悪い癖が問題になるのは、そういうわけなのです。

そこで――

◎座相…ゆったり温かく

◎行相…頭を動かさず歩く

◎食相…口が食を追わない

この3点を気をつけて見てみてください。これが癖のない正しいあり方ですから、まったく反対の癖のもち主は、問題がある可能性も。

せかせか座ったり立つような女性は、どこかに欠点があるのです。歩くときも髪をふり乱しているようなら「おや？」と思って間違いありません。

食事のときも、口を皿に近づけるような女性は、いやしい心を抱いているものなのです。今日から注意してごらんなさい。

4 だから、「本当の性格」は隠せない！

「〝ア〟といってごらん」というと、本当に〝ア〟という女性と、疑わしげな目でこちらを見て〝イ〟といったり〝ン〟といったりする女性がいます。

これはただ単に言葉の問題ではなく、その女性の性格を知る重要なテストなのです。

たとえば、結婚してからあなたが、

「今夜は遅くなるよ」

といったとします。素直な妻は、寒いから気をつけてね、というでしょうが、疑い深い妻だと、浮気でもするんじゃないかと、イヤな顔をするでしょう。

〝イ〟とか〝ン〟といったから、疑い深い妻になるというわけではありませんが、警戒する必要はあるのです。というより、一緒に生活するのが疲れてくるものです。

「愛しているよ」といったとき、〝うれしい〟と唇を寄せてくる女性と、やましいことがあるのではと腹を探ってくる女性と、どちらが素直か、おわかりでしょう。

女の達人は、何気ない女性の一言から、その性格を読み取るのです。あとあと、面倒になる女、暗く疑い深い女とは、絶対につき合わないことです。

それを的確に見抜くには、折に触れて、「あの男（女、人、品物）どう思う?」と聞くことです。同じ否定でも、「好きなタイプじゃないわ」なら合格ですが、「あの男、嫌い」と否定形でいう女性とは、すぐさよならすべきです。

5 〝育ちのよさ〟を見抜く3つの要素

この女性ならきっとすばらしいに違いない、と前もって確信をもつには、どこを見たらいいのでしょうか。

声質と食べ方、それに友人関係の3点を見ることです。

声というのは家柄を表わします。いい家柄の人ほど、男も女も声質が高く、つやがあるものです。反対にガラガラ声の人は、品性に欠けていることが多いものです。

食べ方は育ちを表わします。育ちのいい女性ほど遠慮しませんし、優雅に口に運びます。どんなに美しい顔立ちでも、食べ方が下品なら、育ちが悪いと断定していいでしょう。そのうえ、食べているときは会話が重要なだけに、その内容からも一発で見抜けるものです。

友人関係はその人の格を表わします。前の2点が親から受け継いだものとすれば、友達は自分自身を映し出す鏡といっていいでしょう。

その3点が合格なら、その女性を絶対に離してはいけません。二度とそんな宝物は見つからないと考えるべきです。

わたしたち男も、つき合っている女性の種類で、よくも悪くも変化するもの。それだけに、より上質な女性を見つけて、口説くことです。それにはこの3点をポイントに、いまつき合っている女性を再点検して、切るべきは切ることです。

6 本当の涙とウソの涙を見抜く、こんな方法

女はかわいくて恐ろしい動物だ、といわれます。男と違って二面性をもっていると

いうことです。

〝内心如夜叉《ないしんにょやしゃ》〟という言葉もあります。表面は美しいが、心のなかは夜叉のように恐ろしい気持ちを抱いている、ということでしょう。

女性扱いの下手な男ほど、恐ろしい目に遭うものです。ようやく思いを遂《と》げたら、大金を要求されたり、怖いお兄さんがやってきたり、という話も聞きます。

この種の女慣れしていない男は、女性の言葉や笑顔を、そのままうのみにするタイプなのです。

「帰っちゃイヤ」といわれたら、鼻の下を伸ばして居座ってしまう男。

「ひどいわ、そんな女じゃありません」

と女性が泣くと、オロオロしてしまう男――こんなことでは、女の達人には絶対なれないでしょう。

二面性を見抜くためには、わざと逆のことをすることです。

〝帰ってはダメ〟といわれても平気で帰ったり、女性の涙は目から出る汗ぐらいに思って、動揺しないことです。

その言葉や涙が本当だったら、女性は長いこと、あなたの行為を忘れません。反対にその場限りの涙だったら、次の瞬間にはもうケロリとしているでしょう。

また、本当に恐ろしい女性は、唇の両端が少し意地悪そうに下がっているものです。野村沙知代やデヴィ夫人を見れば、すぐわかるでしょう。

こういう女性には逆らわないほうが安全です。

7 女のこんな「しぐさ」は男と別れたサイン

朝っぱらから機嫌の悪い女性がいませんか？　おそらく欲求不満です。

欲求不満といっても理由はさまざまですが、まず、相手にフラストレーションを発散する女性は正直者で、むしろ人間らしいといえます。

欲求不満の女性は、一夜で機嫌が悪くなるので、すぐわかります。昨日の退出時には、にこにこしていたのに、今朝出勤したら眉間にシワが寄っていた。これなどは明らかに昨夜のうちに〝満足が中断〟されたのです。

もっと簡単な見分け方は、**新しい靴を何足も買うようなとき**です。女性には外罰型と内罰型があり、欲求不満が起こると、やたらに買い物をするタイプと、ひたすら黙々と食べるタイプとがいます。

不思議なことに、買い物でいちばん多いのは、靴なのです。本当なら髪を切りたいのですが、それもむずかしいとなると、靴を替えるのです。

つまり、それまでの男と歩いていたときの靴をはくのは、我慢がならないわけです。

女性同士の話を聞いていると、

「別れたんだね」

「うん」

などと禅問答のようなやりとりがありますが、新しい靴で、男と別れたのを知ったのでしょう。

このような外罰型は、一時的には落ち込みますが、立ち直りも早いものです。ところが内罰型は、ひたすら食べて過食症になったり、かと思えば突然拒食症になったりと、職場などではむずかしい存在になります。

我慢するのを悟らせることが必要でしょう。

8 口説きの神様があなたに教える20の原則

女に強くなるには、彼女たちの性質を知るに越したことはありません。

たとえば、

◎女はケチである

◎女は自分をよく見せたがる

◎女はウワサ好きである

これは女の3大性質といわれるものですが、これさえしっかり覚えておけば、失敗はほとんどないはずです。

しかし、もっとモテる男になるには、まだ不十分です。ここまで読んでいただいた読者には、**わたしが自信をもって断言する20の項目**を紹介しましょう。

この20原則がわかり、使いこなせれば、もうあなたも女の達人、口説きのプロフェッショナルです。

①女は身近なものに興味をもつ
②女は男の前では肉体の話を嫌う
③女は知性を好む
④女は曲線を好む
⑤女は横文字が好き
⑥女はすぐ座りたがる
⑦女はネコ科の動物だ
⑧女は悲しくなくとも涙を流す
⑨女は弁解が好き
⑩女はつくり話の名人だ

⑪女は2人1組になりたがる
⑫女はほめられ好きである
⑬女は自分の身につけるものには執念深い
⑭女は方向オンチが多い
⑮女は新聞を読まない
⑯女は占いを信じている
⑰女はだれでも愛が好き
⑱女は低い声の男を好む
⑲女は秘密を守れない
⑳女ははじめて会う男の過度の接近を嫌う

これを手帳に書きとめておけば、必ずいつか役に立つはずです。

たとえば、〝身近なものに興味をもつ〟とわかっていれば、政治や経済の話は彼女にとって無縁であることがわかるでしょう。

〝横文字が好き〟なら、レストランでも、そういうところを選ぶべきなのです。また〝弁解好き〟なのですから、じっくり聞いてやることが大切です。

そのうえ職場では孤独をイヤがるので、仲間をつくってやることです。

ここまで女性がうまく扱えるようになれば、もはや、あなたがモテないわけがありません。

あとは本書の方法を実践するだけ。

健闘を祈ります！


（了）

本書は、小社より刊行した『5分間で女を口説く会話術』を、再編集のうえ、改題したものです。

たった5分《ふん》で

女心《おんなごころ》をつかむ! 会話術《かいわじゅつ》

著者　櫻井秀勲（さくらい・ひでのり）

発行者　押鐘太陽

発行所　株式会社三笠書房

〒102-0072 東京都千代田区飯田橋3-3-1

電話　03-5226-5734（営業部）03-5226-5731（編集部）

http://www.mikasashobo.co.jp

印刷　誠宏印刷

製本　宮田製本

ISBN978-4-8379-6541-1 C0111

王様文庫